BENDITAS BORBULHAS

Roberta Malta Saldanha

Benditas Borbulhas
Da França ao Brasil

Editora Senac Rio – Rio de Janeiro – 2025

Benditas borbulhas: da França ao Brasil © Roberta Malta Saldanha, 2025.

Direitos desta edição reservados ao Serviço Nacional de Aprendizagem Comercial – Administração Regional do Rio de Janeiro.

Vedada, nos termos da lei, a reprodução total ou parcial deste livro.

Senac RJ

Presidente do Conselho Regional
Antonio Florencio de Queiroz Junior

Diretor Regional
Sergio Arthur Ribeiro da Silva

Diretora Administrativo-financeira
Jussara Alvares Duarte

Assessor de Inovação e Produtos
Claudio Tangari

Editora Senac Rio
Rua Pompeu Loureiro, 45/11º andar
Copacabana – Rio de Janeiro
CEP: 22061-000 – RJ
comercial.editora@rj.senac.br
editora@rj.senac.br
www.rj.senac.br/editora

Gerente/Publisher: Daniele Paraiso
Coordenação editorial: Cláudia Amorim
Prospecção: Manuela Soares
Coordenação administrativa: Vinícius Soares
Coordenação comercial: Alexandre Martins

Preparação de originais/copidesque/revisão de texto: Jacqueline Gutierrez
Projeto gráfico de capa/miolo e diagramação: Priscila Barboza
Curadoria dos chefs e bartenders: Roberta Malta Saldanha
Coordenação de receitas: Roberta Malta Saldanha e André Vasconcelos
Consultoria em harmonização: André Vasconcelos

Impressão: Imos Gráfica e Editora Ltda.
1ª edição: maio de 2025

CIP-BRASIL. CATALOGAÇÃO NA PUBLICAÇÃO
SINDICATO NACIONAL DOS EDITORES DE LIVROS, RJ

S154b

    Saldanha, Roberta Malta
        Benditas borbulhas : da França ao Brasil / Roberta Malta Saldanha. - 1. ed. - Rio de Janeiro : Ed. SENAC Rio, 2025.
        272 p. ; 23 cm.

        Inclui bibliografia
        ISBN 978-85-7756-546-7

        1. Champagne (Vinho) - França - História. 2. Vinhos espumantes - Brasil - História. 3. Coquetéis. I. Título.

25-97219.0

        CDD: 641.2224
        CDU: 641.87:663.223

Meri Gleice Rodrigues de Souza - Bibliotecária - CRB-7/6439

"Grandes vinhos requerem: um doido pra cultivar, um sábio pra vigiar, um poeta pra fazer e um apaixonado pra beber."

Autor desconhecido

Este livro é pra vocês.

"Mais do que qualquer outro vinho, o champagne revela a promessa arquetípica do vinho: a alegria."

Karen MacNeil

"Nunca foi um vinho viril. Começa aí sua ligação com as mulheres, que entendem em sua companhia uma dose de magia, um breve de sonhos solúveis, um brilho de inteligência comunicativa e uma fonte de surpresas e momentos inesperados."

François Simon

SUMÁRIO

PREFÁCIO	11
AGRADECIMENTOS	13
INTRODUÇÃO	15

PARTE 1 – HISTÓRIA DO CHAMPANHE — 17

Dom Pérignon	19
Viúvas de Champagne	29
Embaixadores do champanhe	35
Breves histórias e curiosidades	41
Mundo do champanhe	47
Outros vinhos espumantes	55

PARTE 2 – HISTÓRIA DO ESPUMANTE BRASILEIRO — 57

Pioneirismo de Manoel Peterlongo	59
Georges Aubert, o primeiro francês	67
Multinacionais chegam ao Brasil	69
Impacto e expansão: anos 1990	75
Com a palavra, os especialistas	83
Mapa de nossa efervescência	87
Principais regiões produtoras	87
Terroirs muito além das fronteiras gaúchas	89
Indicação geográfica (IG): a excelência de nossas borbulhas	93
Vale dos Vinhedos (2002)	95
Pinto Bandeira (2010)	96
Vales da Uva Goethe (2011)	96
Altos Montes (2012)	97
Monte Belo (2013)	97
Farroupilha (2015)	98
Campanha Gaúcha (2020)	99

Vinhos de Altitude de Santa Catarina (2021)	100
Vale do São Francisco (2022)	100
DO Altos de Pinto Bandeira (2022): a primeira denominação de origem exclusiva para espumantes do Novo Mundo	101

Espumantes nada convencionais — 102
- Orgânico — 103
- Biodinâmico — 103
- Vegano — 104
- Natural — 104
- Laranja — 105
- Pét-Nat — 106
- Kosher Mevushal — 108

Uma questão de estilo e de categoria — 108
- Sur Lie — 108
- Blanc de Blancs e Blanc de Noirs — 108
- Rosé — 109
- N/V — 109
- Millésime ou Vintage — 109
- Cuvée Prestige — 109

Linguagem do espumante — 111
- Para entender os métodos de elaboração — 111
- Tipos de espumantes quanto ao teor de açúcar — 113
- Variedades viníferas — 113
- Terminologia — 125

Trate bem as borbulhas — 131

Espumantes na gastronomia — 133

Espumantes na coquetelaria — 255

Referências bibliográficas — 267

PREFÁCIO

Do *terroir* à taça: a ponte borbulhante entre França e Brasil

Eu estava apresentando uma vertical de Veja-Sicilia Unico. Ao fim, com a plateia em êxtase após inúmeras safras e garrafas magnums desse grande ícone, um dos alunos, já seguro da resposta, me perguntou:

— Marcelo, se você tivesse que levar apenas um vinho para uma ilha deserta, seria este?

O anticlímax foi geral, pois minha resposta foi:

— Não, eu levaria um champagne!

Após o espanto, ele retrucou, meio indignado:

— Mas por quê?!

A resposta foi incontestе:

— Porque me deixa feliz.

Ninguém, nesta ou em qualquer outra galáxia de que se tenha notícia, gosta mais de champagne do que eu. Concedo, no máximo, um empate!

Considero um bom espumante elaborado pelo método tradicional, com longo amadurecimento Sur Lie, a bebida mais sofisticada que o ser humano já inventou.

O quê? Não sabe o que é Sur Lie? Leia o novo livro *Benditas borbulhas: da França ao Brasil*, de Roberta Malta Saldanha, que lá explica tudinho.

O champagne se destaca não apenas por seu elaborado processo, aperfeiçoado ao longo dos séculos, mas também por seus aromas e sabores que abarcam tudo: conjugam o frescor de uma acidez que os tintos não têm, sem dever nada a eles em complexidade, potencial de guarda – traz até alguns taninos também.

Nas ocasiões de consumo, um bom espumante não deixa escapar nenhuma. Na praia e na piscina, na banheira e na hidro, no barco, no avião, na festa e até na solidão. E de frente à lareira? Por que não?

Na harmonização, é um verdadeiro curinga: seduz

qualquer receita, pois vai do mais seco ao mais doce, do mais leve ao mais estruturado. Tem branco, rosé e até, embora pouco conhecidos, espumantes tintos.

Neste livro, Roberta explora com maestria o universo da bebida mais célebre que existe. Com farta pesquisa histórica e detalhes técnicos à vontade, ela conjuga didática acessível, aprofundamento e fontes balizadas.

Como e onde nasceram os vinhos com borbulhas? Como são feitos? Quem os inventou? Roberta esclarece e analisa todas as hipóteses.

A obra faz uma ponte entre a região de Champagne – referência máxima no mundo da efervescência – e o espumante brasileiro, carro-chefe de nossa produção vinícola.

A parte francesa do livro é recheada de histórias deliciosas e mostra como, em um processo construído através de séculos, o champagne se tornou sinônimo de alegria, celebração, refinamento e luxo.

Já a parte brasileira traz um valioso registro da história dos nossos espumantes, além de um panorama atual e abrangente da produção nacional, passando por todos os *terroirs*, regiões e indicações geográficas (se preferir, IGs), com recomendações do que degustar de cada origem.

O leitor iniciante encontrará aqui uma obra abrangente, tanto para leitura quanto para consulta, e até mesmo o mais experiente descobrirá detalhes que talvez desconheça.

Costumo dizer que sou meio doido – só fico normal quando tomo champagne!

Então, vamos ler e aprender com Roberta sobre a bebida que tem o poder de nos fazer felizes!

Marcelo Copello
Jornalista e especialista em vinhos

AGRADECIMENTOS

À equipe da Editora Senac Rio,

Cláudia Amorim, Jacqueline Gutierrez, Manuela Soares e Priscila Barboza, juntas, mais uma vez, fizemos um excelente trabalho.

Às profissionais,

Ana Claudia Camara da Agência Pub (Casa Valduga); Ana Paula Julião Peral da Agência MKTMix (Chandon); Angélica Elpidio Ribas (Armando Peterlongo); Carmem Gilaberte, Giovanna Boeri, Maíra Gomes e Raquel Malafaia da Documennta Comunicação; Lucinara Masiero da Conceitocom (Miolo Wine Group); Raquel Fronza da Apura Conteúdo (Salton); e Raquel Machado da Panzerotti Comunicação, que com seu trabalho vão tornando o meu mais ágil.

Aos vinhateiros,

Adriano Miolo, Benildo Perini, Darci Miolo (*in memoriam*), Eduardo Valduga, João Valduga, Juarez Valduga e Mauricio Salton, o legado de vocês e suas famílias é imensurável.

Aos especialistas,

Adolfo Lona, Alejandro Cardozo, Danyel Steinle, Didu Russo, Francisco Mickael de Medeiros Câmara, Jorge Tonietto, Marcelo Copello e Murillo Regina de Albuquerque, é um privilégio poder contar com seus conhecimentos e ensinamentos.

Aos bartenders,

Alice Guedes, Carol Gutierres, Alex Mesquita, Heitor Marin, Jean Ponce, Laércio Zulu, Marcio Silva, Rafael Welbert, Roberto Merlin e Saulo Rocha.

Às chefs,

Aline Guedes, Ana Zambelli, Andrea Tinoco, Ariani Malouf, Brenda Freitas, Bruna Hannouche, Carola Troisgros, Ciça Roxo, Claudia Krauspenhar, Denise Rohnelt de Araujo, Flávia Quaresma, Helena Rizzo, Janaína Torres, Jéssica Trindade, Juliana Amorim, Kafe Bassi, Lydia Gonzalez, Lu Veronese, Manu Buffara, Mônica Rangel, Monique Gabiatti, Morena Leite, Paula Prandini, Ro Gouvêa, Solange Sussuarana, Tássia Magalhães e Thais Alves.

Aos chefs,

André Vasconcelos, Bruno Katz, Caio Soter, Carlos Kristensen, Danilo Parah, Dante Bassi, Deocleciano Brito, Eugenio Mariotto, Fabrício Lemos, Felipe Schaedler, Gil Guimarães, Giordano Tarso, Guga Rocha, Guilherme Tse Candido, Jefferson Rueda, João Diamante, José Guerra Netto, Lucas Dante, Lui Veronese, Marcelo Sulzbacher, Meguru Baba, Naim Santos, Narbal Corrêa, Pedro Coronha, Pedro Siqueira, Rafael Aoki, Tuca Mezzomo e Victor Branco, é um prazer poder contar com o talento de todos vocês.

A Marcelo Copello, meio doido ou não, você me deixou feliz.

A Auxi Araújo, por facilitar alguns contatos e abrir algumas portas.

A André Vasconcelos, pela sagacidade, inteligência, competência e um humor afiadíssimo. Devo muito!

A Monica Prota, quem tem uma amiga como você tem o mundo.

A Henrique e Eugenia Saldanha, o que seria dos meus domingos sem vocês...

Ao Spoletinha, meu respiro imprescindível.

A Eugenio Mariotto, sempre.

INTRODUÇÃO

Todo champanhe é um espumante, mas nem todo espumante é champanhe. Partindo dessa premissa, *Benditas borbulhas: da França ao Brasil*, aborda a história do champanhe e, na sequência, a história do espumante brasileiro.

Venez au plus vite, mes frères! Je bois des étoiles! ("Venham logo, meus irmãos! Estou bebendo estrelas!"), teria dito Dom Pérignon, o monge beneditino da Abadia de St. Pierre d'Hautvillers, por trás da fascinante história do champanhe. O *vin du diable* ("vinho do diabo"), como chegou a ser conhecido por conta de suas, até então, indesejáveis borbulhas, aguçou a curiosidade de Pérignon, que dedicou grande parte de sua vida à tarefa de tentar eliminá-las. O monge jamais produziu um vinho espumante, é verdade, mas contribuiu significativamente para a evolução da bebida, lançando as bases para o desenvolvimento do champanhe como o conhecemos hoje.

Essa história também está intrinsecamente ligada à trajetória de algumas mulheres visionárias que, a partir do fim do século XIX, assumiram os negócios do marido após a morte deles. As viúvas de Champagne, Barbare Nicole-Ponsardin, Louise Pommery, Mathilde Perrier, Lily Bollinger e Camille Olry-Roederer, como ficaram conhecidas, elevaram a bebida a outro patamar e garantiram a sobrevivência e o sucesso de suas maisons, com extrema sagacidade, determinação e empoderamento.

Símbolo da celebração por excelência, da efusividade, do luxo, do poder e da sedução, o champanhe transpôs os portões dos monastérios, arrebatou ilustres personagens, protagonizou grandes momentos, testemunhou fatos que mudaram a história da França, sobreviveu a guerras e encantou o mundo com suas borbulhas.

Consagrado como "o Vinho dos Reis e o Rei dos Vinhos", com suas raízes fincadas na região de Champagne, abençoado por um *terroir* excepcional, o mundo do champanhe tem lá suas peculiaridades muito bem preservadas e protegidas pelo Comité Interprofessionnel du vin de Champagne.
O que torna o champanhe único?

Produto de excelência, nosso espumante vem ano após

ano conquistando novos mercados, arregimentando consumidores e amealhando premiações por onde passa. Outrora um coadjuvante, hoje ascende ao protagonismo no universo das borbulhas. Traz consigo a história de um imigrante italiano, Manoel Peterlongo, o primeiro a produzir espumantes no Brasil, e de milhares de compatriotas que, a partir da segunda metade do século XIX, acreditaram no potencial de nosso *terroir*, empenharam seus melhores esforços, emprestaram seus conhecimentos à nossa vitivinicultura e fizeram dela o que é hoje.

Já nos anos 1990, presenciamos a chegada das multinacionais, o aporte de capitais e recursos tecnológicos, a abertura do mercado aos importados. A concorrência se mostrou saudável, como sempre, e despertou o vitivinicultor gaúcho para uma nova realidade. A administração científica se sobrepôs à administração familiar até então. Novas empresas brasileiras foram surgindo, e muitas desceram a Serra Gaúcha, buscando novos horizontes para seus vinhedos, indo cultivar parreirais no Vale do São Francisco, na Serra Catarinense e na região da Campanha Gaúcha.

O mapa de nossa efervescência se expandiu, consolidando regiões produtoras, implementando as indicações geográficas (IGs) – conquistamos a primeira denominação de origem (DO) exclusiva para espumantes do Novo Mundo, recorte que exclui apenas os espumantes produzidos na Europa. Além disso, descobrimos novos e promissores *terroirs* – graças à dupla poda, técnica criada por Murillo Regina de Albuquerque –, o que alçou o Brasil à condição de maior produtor de espumantes da América Latina. Diga-se, de passagem, em pouco mais de cem anos.

Champanhe e espumante: muitos estilos e categorias, tradicionais e nada convencionais; os métodos de produção e as variedades viníferas empregados; a terminologia correta; como tirar proveito do melhor das borbulhas; a opinião dos especialistas; e mais ao longo desta obra!

Descubra como harmonizar nossos espumantes com diferentes receitas e como empregá-los em coquetéis. Chefs e bartenders de todo o Brasil emprestam seu talento para mostrar como. Difícil mesmo, tenha certeza, será escolher um entre tantos e tão primorosos exemplares. Nas próximas páginas, você vai entender por quê.

PARTE 1
HISTÓRIA DO CHAMPANHE

DOM PÉRIGNON

A história que se conta é a de que o mais festivo dos vinhos fora produzido, quase ao acaso, em 4 de agosto de 1693, por Dom Pérignon — monge beneditino e mestre da adega da Abadia de St. Pierre d'Hautvillers, em Épernay, no coração da região de Champagne. Ao degustar o champanhe pela primeira vez, teria cunhado a famosa frase: "Venham logo, meus irmãos! Estou bebendo estrelas!"

Hoje se sabe que, na verdade, o abade passou boa parte de sua vida tentando eliminar a espuma que seus vinhos teimavam em produzir. Nessa época, não havia mercado para vinhos espumantes, e a formação das borbulhas, que se dava de modo acidental, era um defeito a ser eliminado, até porque essas eram perigosas. A lenda foi sustentada por Dom Jean-Baptiste Grossard, um dos sucessores de Dom Pérignon, na Abadia de Hautvillers, que, em 1821, escreveu uma carta ao vice-prefeito de Aÿ, Monsieur d'Herbes, enaltecendo as realizações de Pérignon: "Como você sabe, senhor, foi o célebre Dom Pérignon... que descobriu o segredo de fazer vinho branco espumante e não espumante, e como remover o sedimento das garrafas."*

Embora essa carta tenha sido usada como evidência de que Pérignon teria inventado o champanhe, acredita-se que Grossard apenas tentou amealhar prestígio para a abadia, confundindo um pouco os fatos.

Além disso, o primeiro sindicato de produtores de champanhe, fundado em 1882, fomentou a lenda para promover o champanhe e a região, publicando um panfleto intitulado *Le vin de Champagne*, em 1896, que celebrava Dom

---

* Disponível em: https://www.guildsomm.com/public_contente/features/articles/b/tom_stevenson/posts/dom-perignon. Acesso em: 6 de fev. de 2025.

Pérignon como o inventor do champanhe. A manobra serviu para proteger o champanhe como o vinho espumante original e para descartar imitações de outras regiões.

Sabe-se, ainda, que aquela famosa frase, citada aqui no primeiro parágrafo, nunca fora pronunciada — sua primeira aparição parece ter sido em um anúncio impresso no fim do século XIX. Em seu livro *When Champagne Became French* (Guy, 2017), a professora de história Kolleen M. Guy mostra que foi somente na Exposição Mundial de 1889, em Paris, que os produtores de champanhe da região viram o potencial de marketing da lenda e começaram a imprimir folhetos sobre Dom Pérignon. A partir daí, a lenda se transformou em uma realidade absoluta.

Por sua vez, um manuscrito do ano de 1544 escrito pelos monges beneditinos da Abadia de Saint-Hilaire afirma que o primeiro vinho a espocar no mundo, antes do champanhe, foi produzido na cidade de Limoux, no Languedoc, no sudoeste da França. O documento detalha a produção — os monges empregavam o método ancestral, pelo qual o vinho era engarrafado antes do término da fermentação, retendo certa quantidade de gás carbônico — e a entrega de um vinho ligeiramente espumante, o Blanquette de Limoux, um ancestral de todos os espumantes, por assim dizer. Alguns pesquisadores alegam, porém, que, até por volta de 1695, na França, os vinhos não eram elaborados com o intuito de provocar as borbulhas.

O documento mais confiável de que se tem notícias foi apresentado à Royal Society of London, em 1662, pelo médico e cientista Christopher Merret. Nesse, é descrito o processo da segunda fermentação, detalhando como os produtores britânicos adicionavam grandes quantidades de açúcar e melaço ao vinho para potencializar o nível de álcool, e provocar a efervescência, que era mantida selando as garrafas com rolhas provenientes da Espanha. Tornou-se, assim, claro que quase todo vinho poderia tornar-se espumante se fosse adicionado açúcar antes de seu engarrafamento. Esse foi o primeiro registro de como provocar deliberadamente uma segunda fermentação. Conhecida hoje como método tradicional ou método *champenoise*, essa prática já existia seis anos antes de Dom Pérignon. Alguns até sugerem que ele teria aprendido a produzir vinho espumante enquanto servia em Saint-Hilaire, antes de se mudar para Champagne. Os ingleses também desenvolveram as garrafas certas para vinho espumante, que não se quebravam sob a pressão do gás carbônico e eram muito mais resistentes que as disponíveis na França. Parece que os ingleses foram os primeiros a apreciar o champanhe e seu efeito brincalhão. Esse mérito foi creditado a Carlos II, rei da Inglaterra, que se apaixonou pelos vinhos de Champagne enquanto esteve exilado na França e importou barris para Londres quando regressou ao trono em 1660. E foi atribuído, também, a Charles de Saint-Evremond, um renomado epicurista, crítico da política francesa, que viveu no exílio a partir de 1661, principalmente na Inglaterra, onde se tornou uma espécie de representante oficial do champanhe, promovendo a bebida em festas e banquetes. No entanto, dizer que eles o inventaram é provavelmente um exagero. Certo mesmo é que, diferentemente dos franceses, os ingleses acolheram bem a efervescência desde o início. O vinho espumante era uma proposta muito mais viável no lado inglês do Canal da Mancha, até então.

Embora não tenha inventado o champanhe — o champanhe se inventou sozinho; a fermentação é um fenômeno natural, e a efervescência dos vinhos é observada em todo o mundo desde a Antiguidade —, Pérignon desempenhou um papel crucial na Abadia de Hautvillers, contribuindo muito para a evolução da bebida, ao estabelecer os princípios que ainda são seguidos em sua produção. É inegável que ele refinou e aprimorou o método tradicional. Um tratado de 1718 intitulado *Manière de cultiver la vigne et de faire le vin en Champagne* (como cultivar vinhas e fazer vinho em Champagne), comumente atribuído a Jean Godinot, clérigo e viticultor em Reims, registrou uma série de regras de vinificação, tanto na vinha quanto na adega (criada pela primeira vez por Dom Pérignon), para melhorar ainda mais a qualidade dos vinhos.

Filho de um oficial da corte e proprietário de várias vinhas, Pierre Pérignon nasceu na pequena vila de Sainte-Menehould, ao leste da região de Champagne, provavelmente em janeiro de 1639. Aos 13 anos, iniciou seus estudos no colégio jesuíta de Châlons-sur-Marne, onde permaneceu por cinco anos e descobriu sua real vocação: queria ser monge. Inicialmente, entrou na ordem religiosa da abadia beneditina, conhecida como Saint-Vanne, em Verdun, fundada por Dom Didier de la Cour, um monge que primava pelo rigor religioso e impunha um grau elevado de aprendizado. Vivendo em uma cela minúscula, cumpria uma rígida rotina de orações, leituras e trabalhos manuais. Em 1668, então com 30 anos, ingressou na Abadia de Saint-Pierre de Hautvillers, ao sul de Reims. Nomeado *procureur* da abadia, entre as atribuições de Dom Pérignon estavam a gestão das vinhas e a produção de vinho, função que desempenhou até sua morte em 1715.

Por esses tempos, já se produzia um vinho cinza, o *vin gris*, com a uva Pinot Noir, colhendo os cachos com o máximo cuidado ao amanhecer e interrompendo a colheita antes que os raios de sol pudessem causar a fermentação da fruta. O vinho não era tão saboroso, oxidava muito rapidamente e logo se tornava "amarelo" — na verdade, a cor variava, de acordo com a safra, do rosado ao *gris de perle* (cinza perolado). Predominava o *oeil du perdrix* (olho de perdiz), uma tonalidade rosada proveniente do contato do mosto branco com as cascas tintas. Muitos vinicultores adicionavam xarope de sabugueiro à bebida, para conferir um toque ligeiramente avermelhado, e generosas doses de açúcar, para alcançar o dulçor que os clientes apreciavam. Esses vinhos eram consumidos poucos meses após sua produção, visto que, após engarrafados, tinham tendência a fermentar uma segunda vez quando o tempo esquentava.

Décadas se passaram até os vinhateiros locais se convencerem de que jamais conseguiriam produzir vinhos tintos que se equiparassem aos de Beaune, na Borgonha, que jamais borbulhavam, e descobrissem por que seus vinhos elaborados no outono e postos para descansar no inverno tornavam a fermentar, a formar bolhas, no início da primavera, não amadurecendo com a mesma qualidade que de seus vizinhos. A explicação, no entanto, era simples: por causa do clima extremamente frio da região, as baixas temperaturas do outono e do inverno interrompiam a fermentação do mosto, e as leveduras adormeciam antes de todos os açúcares serem queimados. Com as temperaturas mais quentes da primavera, a fermentação era retomada, e o dióxido de carbono resultante tornava o vinho espumante.

O processo de fermentação não era conhecido por esses tempos — permaneceria um mistério para os vinicultores, até o químico Jean-Baptiste François precisar a quantidade de açúcar a ser adicionada ao champanhe, para controlar a fermentação, e Louis Pasteur descobrir as leveduras e decifrar seu papel fundamental neste processo. Além disso, a "pequena Era Glacial", entre os séculos XIV e XIX, período que as temperaturas despencaram na Europa, tornava a produção de vinhos ainda mais difícil, deixando-os intragáveis. Os vinicultores locais por muito tempo consideraram isso uma maldição, até que, ironicamente, a bebida se tornou a maior virtude da região.

A competição entre as duas regiões vinícolas, Borgonha e Champagne, especialmente na mesa dos aristocratas e nobres franceses era tão acirrada que, em meados do século XVII, dividia médicos, escritores e poetas, que lutavam entre si, com teses, versos e rimas, para decidir quais eram os melhores e mais saudáveis vinhos da França. Esse confronto ficou conhecido como *querelle des vins* (disputa do vinho). Entre vários episódios ao longo do tempo — a contenda durou quase 130 anos —, vale destacar a quebra de braço entre o médico de Luís XIV e fã incondicional do champanhe, Antoine d'Aquin, que havia aconselhado o rei a tomar champanhe nas refeições, pois a bebida fazia bem à saúde, e Guy-Crescent Fagon, um grande apreciador dos vinhos da Borgonha, que ambicionava o cargo de d'Aquin. Ao ser nomeado, Fagon pediu ao monarca que proibisse qualquer vinho, exceto os da Borgonha, de serem servidos em sua mesa, alegando que o champanhe era em grande parte responsável pelas doenças que Sua Majestade vinha enfrentando. O rei, embora relutante, acatou a recomendação, mas ficou deprimido.

Ao ingressar na Abadia de Hautvillers, Dom Pérignon encontrou 7,2 hectares de vinhas em péssimo estado. Ele dizia: "eliminem as que produzem somente vinho comum" (Kladstrup, 2006, p. 25), e, assim, sob sua orientação, parreiras de qualidade inferior foram substituídas por outras melhores. Em uma época que muitos viticultores acreditavam que quanto mais uvas, mais vinho e mais dinheiro, o monge alertava: "Tenham como objetivo a qualidade que traz respeito e lucro" (*ibid.*). Deu certo! Já em 1712, alcançaram-se 16,4 hectares de vinhas, todas muito bem cuidadas.

Ao estudar os vinhedos de uvas tintas da região que produziam Pinot Noir e Meunier;* e das brancas, Pinot Blanc, Pinot Gris, Chasselas e, possivelmente, Chardonnay, Dom Pérignon concentrou-se na Pinot Noir, por acreditar que essa uva nobre, responsável pelos grandes tintos da Borgonha, era menos volátil que as variedades brancas e, portanto, menos propensa a refermentar na garrafa ou no barril. Teria sido, então, um dos primeiros a fazer vinho branco com uvas tintas (lembrando que todos os vinhos são originalmente brancos e só ficam tintos se macerados com a casca tinta).

O monge de Hautevillers estabeleceu muitas das práticas fundamentais de colheita de uvas, que permanecem em uso até hoje. Estipulou que:

- As videiras fossem podadas, a fim de que não ultrapassassem 1 metro de altura e produzissem poucas uvas, favorecendo a qualidade e evitando a superprodução;
- A colheita, por sua vez, deveria ocorrer nas primeiras horas da manhã, antes que o calor aquecesse as uvas e provocasse a fermentação e oxidação indesejadas;
- Quanto à seleção das uvas, apenas as melhores. Danificadas, podres ou partidas deveriam ser descartadas;
- Uma vez colhidas, as uvas deveriam ser acomodadas delicadamente em pequenos cestos, para evitar seu esmagamento, e ser carregadas manualmente, sempre que possível;

---

* Até recentemente, presumia-se que a Pinot Meunier pertencia à mesma família da Pinot Noir. Mas pesquisas demonstraram que as origens da Pinot Meunier não podem ser definidas com precisão. Como resultado, instituições como o Comité Interprofessionnel du vin de Champagne e o Institut National de la Recherche Agronomique (INRA), na França, pararam de se referir à uva como Pinot Meunier.

- Se houvesse necessidade de transportá-las em animais, aconselhava o uso de mulas ou asnos, no lugar de cavalos, que são muito agitados (Bruce-Gardyne, 2019, p. 28);
- Em hipótese alguma, pisar as uvas e sim fazer uso de prensas que mandou construir nos vinhedos, para que as uvas fossem prensadas suavemente e o mais rápido possível;
- Fosse tomado todo o cuidado para que as cascas não macerem em contato com o mosto;
- As uvas fossem prensadas várias vezes;
- Os sumos de cada prensagem fossem mantidos separados.

Embora jamais tivesse bebido vinho, Pérignon dominou a arte de misturar variedades de uvas e de procedências distintas, nas devidas proporções, para criar um vinho melhor. De paladar e olfato apurados, ao provar uma única uva conseguia dizer, com precisão, a qual vinhedo pertencia. Isso lhe permitiu harmonizar a qualidade dos vinhos e suavizar seus defeitos, conferindo-lhes consistência e excelência. Foi assim que ele se tornou conhecido por produzir vinhos muito superiores à maioria dos outros em Champagne, muito mais caros e que foram cada vez mais exportados, graças à sua proximidade com os rios, principais vias de transporte da época. Esses não eram referidos como vinhos de Champanhe ainda, mas como *vins de riviere* (vinhos do rio), dados seus meios de transporte. A Dom Pérignon se credita, ainda, a mistura das uvas, o chamado "corte *champenois*", que entram na elaboração do champanhe hoje: as tintas, Pinot Noir e Meunier, e a branca, Chardonnay.

Ainda, para vedar as garrafas de vinho, fez uso da rolha de cortiça, praticamente esquecida desde a época romana, que era muito melhor e mais resistente que as tradicionais cavilhas de madeira envolvas em estopas de linho embebidas em óleo e depois seladas com cera de abelhas. Inicialmente, essa rolha era mantida no lugar por uma corda de cânhamo, substituída depois por arame — daí o monge ser apontado como o inventor do precursor do agrafe. Foi, também, o primeiro produtor da França a insistir para que o vinho fosse armazenado em garrafas, em vez de barris de madeira. "Pérignon não tinha muito apreço a barris. Descobriu que seus vinhos 'se cansavam' e perdiam todo o aroma que lhes dera fama se não fossem engarrafados o mais rápido possível" (Johnson, 1999, p. 236).

A natureza porosa da madeira era um desastre para os vinhos, pois não proporcionava proteção suficiente contra o oxigênio durante a maturação ou no transporte por longas distâncias.

Foi nos anos 1630, que um inglês, Sir Kenelm Digby, mudou a indústria do vinho para sempre, quando inventou uma técnica de produzir garrafas de vidro mais altas, mais resistentes, mais estáveis, mais estreitas e que, em razão de sua cor verde ou castanha translúcida, protegiam o conteúdo contra a luz — até então as garrafas eram baixas e redondas. O vidro temperado, suficientemente forte para conter a pressão de uma segunda fermentação, não apenas tornava o vinho espumante uma possibilidade, como também permitia que o vinho e outras bebidas pudessem ser transportados e armazenados em garrafas chamadas de *verre anglais*. Afirmar que Dom Pérignon teria produzido suas próprias garrafas de *verre anglais* não tem fundamento; e que teria feito algumas experiências com ela, improvável. Verdade mesmo é que boa parte do trabalho realizado pelo monge foi perdida, quando, por ocasião da Revolução Francesa, em 1790, a abadia foi destruída, contribuindo para o aparecimento de tantas lendas e mitos sobre sua vida.

Eram frequentes os acidentes provocados pela formação de gás carbônico, que fazia as frágeis garrafas explodirem, pulverizando umas às outras.

> Os fabricantes de vinho evitavam o espumante porque ele era totalmente imprevisível. Algumas vezes ficava choco e sem efervescência [...] se o vinho ficasse tempos demais nos tonéis de madeira, as bolhas podiam se tornar grandes demais, adquirir uma aparência asquerosa, condição descrita como *yeux de crapauds* (olhos de sapo) (Kladstrup, 2006, p. 41).

Na garrafa, as bebidas explodiam. A adega e a distribuição de champanhe eram perigosas e caras, e, consequentemente, dificultavam a comercialização. Dependendo da safra, a perda podia chegar a 90%, o que obrigava as pessoas que percorriam as adegas a usarem máscaras de ferro para se protegerem. Por conta desses episódios, o vinho adquiriu a alcunha de *vin du diable* ("vinho do diabo"). Mas foi somente no fim do século XVII que os vidreiros de Champagne, imitando os da Inglaterra, conseguiram fazer garrafas grossas e escuras. Vale salientar que, mesmo entre os comerciantes de vinho, a bebida encontrava resistência. Bertin du Rocheret, um renomado comerciante de vinho em Épernay, resistiu muito em trabalhar com a bebida, alegando que "efervescência é para cerveja e creme batido" (Simon, 1971, p. 59). Chegou ainda a descrever um champanhe como: "Verde e duro como o cão, seco como o diabo" (Johnson, 1999, p. 239).

Entre suas outras experiências, Pérignon observou que as baixas temperaturas constantes das famosas *crayères* eram ideais para o repouso e envelhecimento dos seus vinhos, e, quem sabe, a pressão atmosférica ajudasse a domar a efervescência. Foi, então, construída a primeira adega subterrânea, abaixo da abadia, com capacidade para abrigar até 300 barris de vinho: a cave Thomas.

Muitos continuam a atribuir a ele, em detrimento de Merret, a técnica de dominar a segunda fermentação (e reter a espuma); base do método *champenoise*. O monge foi, portanto, o primeiro a compreender que aquilo que os produtores de champanhe hoje chamam de "licor de tiragem" tinha de ser adicionado ao vinho tranquilo durante o engarrafamento, para que a fermentação secundária ocorresse — há quem diga que a ideia teria ocorrido após se observarem os efeitos do uso de cera de abelhas para vedar as garrafas de vinho. A mistura desenvolvida por Pérignon, repassada a seus colegas beneditinos, em seu leito de morte, foi registrada no tratado de 1718 do cônego Jean Godinot. Algo como: para uma garrafa de vinho, coloque meio quilo de açúcar, cinco a seis pêssegos sem caroço, canela e nozes em um recipiente. Misture bem. Junte meia garrafa de um conhaque de boa qualidade e leve a mistura para ferver. Coe a mistura e ferva novamente. Depois, adicione ao vinho.

Dom Pérignon passou 47 anos tentando eliminar as persistentes borbulhas. E ainda havia a questão da borra que se formava com a morte das leveduras durante a segunda fermentação, deixando os vinhos turvos; a solução só viria com a viúva Clicquot, mais de cem anos depois. O abençoado monge jamais produziu um vinho espumante e sim um conjunto de regras sobre como elaborá-lo de maneira consistente e segura, facilitando, assim, sua evolução, moldando significativamente a história e a reputação do champanhe, e lançando as bases para o desenvolvimento do champanhe como o conhecemos hoje. Poucos anos após sua morte, suas técnicas de gestão de vinhas e de vinificação tornaram-se as principais referências para os produtores de champanhe durante séculos. De acordo com o especialista em vinhos e escritor inglês, Nicholas Faith, em seu *The Story of Champagne*, "seria um agradável paradoxo o fato do mais notório vinho de sedução do mundo ter sido obra do cérebro de um monge" (apud MacNeil, 2003, p. 145).

As borbulhas venceram, de fato. Até mesmo a corte francesa em Paris preferia os vinhos brancos ligeiramente borbulhantes de Champagne, carinhosamente apelidados de *saute-bouchon* (salta-rolhas). Mas: "[...] o perfeccionismo pregado pelo tesoureiro da abadia dera ao mundo seu primeiro vinho de qualidade inequívoca e irresistível: um modelo que todos os outros vinhos com pretensões de excelência teriam de emular" (Johnson, 1999, p. 241).

Em reconhecimento a seu legado, em 1936, a Maison Moët & Chandon lançou, provavelmente, o mais famoso Cuvée Prestige (se não for, é o número dois ao lado de Roderer Cristal) e um dos vinhos mais icônicos do mundo: o Dom Pérignon. Sua versão Rosé chegou ao mercado poucos anos depois. A convite da maison, algumas personalidades foram chamadas a criar rótulos novos para diferentes safras da bebida. O estilista alemão, Karl Lagerfeld, assinou uma tiragem limitada de 1.998 garrafas do Vintage 1998, batizada de *A Bottle Named Desire*. Em 2012, David Lynch, aclamado diretor de filmes como *Veludo azul*, *O homem elefante* e da minissérie *Twin peaks*, assinou os rótulos das safras de Dom Pérignon 2000 e 2003 (na versão Rosé), uma edição limitada que recebeu o nome de *The Power of Creation*. No ano seguinte, foi a vez do artista plástico, Jeff Koons. Após ter criado a escultura *Balloon Venus* para Dom Pérignon, Koons transpôs sua criação para dois *vintages*: Dom Pérignon Vintage 2004 e Dom Pérignon Rosé Vintage 2003, uma edição limitada com somente 650 unidades no mundo.

No século XIX, os vinhedos da Abadia de Saint-Pierre d'Hautvillers foram adquiridos pela maison, e a abadia foi transformada em um pequeno e charmoso museu do vinho. Moët & Chandon mantém, por reverência, e, também, por proteção, uma estátua do monge Dom Pierre Pérignon em frente à vinícola em Épernay, na região produtora de Champagne.

VIÚVAS DE CHAMPAGNE

Madame Clicquot conquistou o mercado russo em 1844 e, ao falecer, aos 89 anos, sua maison já produzia anualmente 3 milhões de garrafas de champanhe e operava em toda a Europa. Batizada como Barbe-Nicole Ponsardin (1777-1866), filha de Nicolas Ponsardin, um rico e poderoso empresário da indústria têxtil de Reims, no coração de Champagne, a 130 quilômetros de Paris, sem qualquer formação empresarial e nenhuma experiência, foi criada para ser esposa e mãe. A discreta francesa de Reims — descrita pelos historiadores como baixinha, rechonchuda e gordinha — casou-se com François Clicquot, filho de um próspero mercador do ramo têxtil, Philippe Clicquot, cujos interesses se estendiam ao setor vinícola da região. Com François, descobriu a paixão pelos vinhos e aprendeu o ofício. Tinha 27 anos quando se tornou a "Veuve Clicquot". Uma repentina febre tifoide atacou o marido, que morreu em 15 dias, deixando uma filha de 6 anos e um pequeno negócio de tecidos e vinho à beira da falência: a Clicquot-Muiron et Fils, perto da encantadora vila de Bouzy, a leste de Épernay.

Apesar da resistência de seu sogro, em uma época que as mulheres tinham pouquíssimos direitos, a viúva assumiu os negócios da família, focou a pequena vinícola e a transformou em uma das mais célebres, valiosas e longevas casas de champanhe do mundo. Em 2022, a Maison Veuve-Clicquot, hoje pertencente ao conglomerado de luxo Louis Vuitton Moët Henessy (LVMH), completou 250 anos.

Vestida com pesadas roupas pretas, a cor do luto permanente, a jovem viúva aprofundou seus conhecimentos sobre o cultivo de uvas e a produção de vinhos com Alexandre Jérôme Fourneau – um rico comerciante do mercado têxtil e fabricante de vinhos – e se concentrou na descoberta de um novo mercado para exportar. Em 1814, o bloqueio continental à Inglaterra, imposto por

Napoleão Bonaparte, paralisava a Europa, mas a viúva em momento algum se acovardou. Ela acreditava que logo Napoleão abdicaria. Também sabia que havia um enorme potencial no mercado russo para o tipo que vinha fazendo: um champanhe extremamente doce (com o dobro de açúcar dos vinhos doces de sobremesa atuais). Madame Clicquot queria chegar antes de seus concorrentes – as maisons Moët, Jacquesson e Ruinart – e dominar aquele mercado. Seu representante, Louis Bogne, já havia contrabandeado champanhe para o país escondendo as garrafas dentro de barris de grãos de café. Mas a viúva queria mais. Bogne planejou, então, um esquema minucioso e muito ousado: alugou um navio holandês, o "Zes Gebroeders", e deslocou 10.550 garrafas secretamente em direção a Rouen, no noroeste da França, onde o navio estava atracado. De lá seguiram até Amsterdã, na Holanda, onde permaneceram estocadas aguardando o fim das Guerras Napoleônicas (1803-1815). O plano não poderia ter dado mais certo. Quando a paz foi declarada, o carregamento clandestino seguiu de navio até o porto prussiano de Königsberg, na fronteira da Rússia, e, por fim, alcançou por terra São Petersburgo. O champanhe foi vendido por um preço exorbitante: 5,5 francos por garrafa, o equivalente a 100 dólares. O sucesso foi tamanho que, naquela época, na Rússia, pedir "uma viúva" era o mesmo que pedir "uma garrafa de champanhe, por favor".

Em 1821, a agora Veuve-Clicquot Ponsardin comemorou a venda recorde de 280 mil garrafas. Com a empresa consolidada financeiramente, restava vencer a batalha da qualidade. O mais fino dos vinhos ainda apresentava impurezas que se sedimentavam no fundo da garrafa, conferindo-lhe um aspecto turvo, e não tinha nenhuma daquelas pequenas bolhas elegantes para fazer cócegas no nariz. Perfeccionista, a viúva Clicquot dizia que seus vinhos deveriam ter *une seule qualité, la toute première* (uma só qualidade, a primeira).*

Com a ajuda de seu mestre de adega, Antoine de Miller (em seu idioma nativo, Anton von Müller), criou a técnica *remuage*. Dessa maneira, os sedimentos vão se deslocando, acumulando-se no gargalo, para depois serem extraídos, resultando em um vinho mais refinado, límpido e de *perlage* mais delicada.

Para comemorar a passagem do cometa Flaugergues, que ficou visível a olho nu por cerca de 260 dias em quase toda a Europa em 1811, Madame Clicquot criou o Comet Cuvée, o primeiro champanhe *vintage*, de que se tem notícia. Sua maison também teria sido pioneira na produção de champanhe Rosé.

Em uma correspondência para Anne, sua única bisneta, Madame Clicquot, *La Grand Dame de la Champagne*, como era conhecida na sua época, afirmou:

---

* Disponível em: https://www.veuveclicquot.com/fr-int/madameclicquot.html. Acesso em: 7 de fev. de 2025.

> Minha querida, vou lhe contar um segredo... Você, mais do que ninguém, se parece comigo, por sua audácia. É uma qualidade preciosa, que me valeu muito no curso de uma longa vida... ousar fazer algo antes dos outros... hoje sou chamada a Grande Dama da Champagne! [...] O mundo está em movimento perpétuo, e devemos inventar o amanhã. É preciso passar à frente dos outros, é preciso ter determinação e exatidão, e deixar a inteligência conduzir sua vida. Aja com audácia. Talvez você também venha a ser famosa...! (Mazzeo, 2009, p. 201).

Após a morte do marido, com um filho de 15 anos e um bebê de colo, Jeanne Alexandrine Louise Mélin Pommery (1819-1890) assumiu o negócio de vinhos tintos, Pommery et Greno, aos 39 anos, e transformou-o em uma casa de champanhe extremamente próspera. Em suas inúmeras viagens em busca de novos mercados, descobriu o gosto dos ingleses por espumantes, abriu uma distribuidora em Londres, deixou de lado os vinhos tranquilos e criou, em 1874, o que viria a ser o primeiro Brut da história: o Pommery Brut Nature, com dosagem entre 6 e 9 gramas de açúcar por litro. Na verdade, em 1846, Perrier-Joët chegou a produzir um champanhe sem açúcar algum, mas não obteve sucesso. Hoje o champanhe Brut representa 85% do total dessa bebida consumido no mundo.

A viúva Pommery também ampliou, significativamente, as caves subterrâneas de sua maison. Em julho de 1868, lançou em Reims o que seria o maior projeto de construção do século. Adquiriu 120 poços de calcário e giz, os chamados *crayères*, esculpidos sob a cidade de Reims por soldados romanos durante a ocupação da Gália, para transformá-los em adegas. Mineiros franceses e belgas cavaram 18 quilômetros, 30 metros abaixo da terra, de galerias interligadas por túneis decorados com enormes baixos-relevos esculpidos nas paredes, para exaltar o champanhe, concluídas em 1884 pelo grande escultor francês Gustav Navlet.

Essas caves únicas permitiram-lhe armazenar e envelhecer milhares de garrafas num ambiente com temperatura controlada (10 °C constantes). Uma escadaria de pedra monumental com 116 degraus é a única ligação entre este mundo subterrâneo e o exterior. Acima do solo, uma exuberante construção no estilo inglês neogótico elisabetano, em homenagem ao mercado que privilegiou a marca Pommery e a levou ao sucesso. Nathalie Vranken, coproprietária da Vranken-Pommery ressalta: "Hoje, quando todos falam de enoturismo e abertura (para visitação) de caves como algo novo para o século XXI, há 200 anos ela já pensava nisso."*

Foram trinta anos de administração exemplar. Louise Pommery morreu em 18 de março de 1890, em Chigny, pequena cidade perto de Reims. Foi a primeira mulher a ter um funeral com honras de Estado. Cerca de 20 mil pessoas acompanharam o cortejo pelas ruas da cidade para homenagear sua grande contribuição ao mercado de champanhes. Dada sua paixão por rosas, o presidente francês assinou um decreto mudando o nome de Chigny para Chigny-les-Roses, em homenagem à paixão de Pommery por essa flor — não sem motivo: nos vinhedos, as rosas dão o alerta de uma das piores doenças da vinha, o oídio.

Antigo tanoeiro e engarrafador em Chigny-les-Roses, André Michel Pierlot se estabeleceu em Tours-sur-Marne, uma pequena comuna no coração das três principais regiões vinícolas do Marne (Montagne de Reims, Vallée de la Marne e Côte des Blancs), para cultivar suas próprias uvas, dando início à Maison Laurent-Perrier. Foi sucedido por seu filho, Alphonse, que, sem descendentes e tendo dedicado toda a sua vida ao processo de vinificação, deixou sua empresa, seu maior bem, para seu mestre de adega Eugène Laurent, em 1881. Seis anos depois, um trágico acidente na adega tirou a vida de Eugène. Sua esposa, Mathilde Emilie Perrier foi a força motriz antes e depois da morte do marido. Uniu os nomes de suas famílias, Laurent e Perrier, para criar a Veuve Laurent--Perrier & Co, que administrou de maneira brilhante até sua morte em 1925.

Mathilde foi pioneira em uma versão *sans sucre* — como o próprio nome sugere, um champanhe sem adição de açúcar —, para o mercado do Reino Unido, com o *slogan*: "O champanhe recomendado quando outros são proibidos". O precursor do atual Brut Nature foi lançado com sucesso, no Brébante, o então restaurante da Torre Eiffel, em 1889. Eugénie-Hortense Laurent sucedeu à mãe e vendeu a propriedade para Marie-Louise de Nonancourt, outra viúva, em 1939, cujos descendentes ainda hoje estão no comando.

A escocesa Elizabeth Law de Lauriston Boubers, conhecida como "Lily", chiquíssima em seu tailleur de tweed, percorria a zona rural de Aÿ para inspecionar os vinhedos a bordo de uma bicicleta — faltava combustível na época da França dominada pelos alemães. À frente de seu negócio até os 70 anos, alcançou a marca de 1 milhão de garrafas por ano. Lily se casou com Jacques Bollinger, neto do cofundador da Maison Bollinger, que faleceu durante a ocupação nazista na França. Viúva, aos 42 anos, não hesitou em tomar a frente do negócio e geri-lo mesmo durante os anos difíceis da Segunda Guerra Mundial. De 1941 até sua

---

* Disponível em: https://www.winespectator.com/articles/iron-ladies-of-champagne-47802. Acesso em: 14 de fev. de 2025.

morte em 1971, com sua perspicácia empresarial, Lily fez da Bollinger uma das melhores casas de champanhe do mundo. Para expandir a produção, ela adquiriu vinhedos nos melhores crus de Champagne, ao redor da Montagne de Reims, na Côte des Blancs e no Vallée de la Marné. Além disso, viajou incansavelmente pela América do Norte — onde chegou a ser chamada de "a primeira-dama da França" —, e pelo Reino Unido, como embaixadora da marca.

Suas engenhosas ações de marketing fizeram de Bollinger um nome conhecido em todo o mundo, principalmente como o champanhe oficial do agente 007, James Bond. Em 1952, Lily produziu o primeiro RD, sigla de *Récemment Dégorgé* (recentemente engarrafado), champanhe feito apenas em safras excepcionais, mas que permanece envelhecendo sobre suas borras de oito a vinte anos. Para comemorar seu 70º aniversário, lançou o Vielles Vignes Françaises, o primeiro champanhe feito apenas com uvas Pinot Noir provenientes de dois únicos lotes que conseguiram escapar da praga da filoxera, que destruiu vinhedos em toda a França no século XIX. Em 1976, o governo francês concedeu-lhe a *Ordre National du Mérite* (Ordem Nacional de Mérito).

Camille Olry-Roederer foi a viúva à frente da Roederer de 1932 a 1975, assumindo o cargo após a morte de seu marido Léon. Na época, a empresa estava à beira da falência: as vendas tinham baixado significativamente em razão do impacto da Primeira Guerra Mundial, da Revolução Bolchevique, da Lei Seca e da Grande Depressão. Esse foi o ambiente hostil que Camille Olry encontrou ao assumir o controle da casa de champanhe Louis Roederer. No entanto, tal como as outras mulheres do champanhe, ela perseverou, cercou-se de uma equipe excepcionalmente competente, uma vez que não tinha o menor conhecimento sobre a indústria do champanhe, viajou para abrir novos mercados e adquiriu novos vinhedos em Champagne.

De personalidade exuberante, refinada e elegante, suas joias e vestidos de alta-costura, e suas lendárias recepções nas residências da família em Reims e em Paris, nas décadas de 1950 e 1960, eram alvos de comentários de toda a sociedade francesa. Proprietária de um dos estábulos mais famosos do mundo, na Normandia, e de um cavalo, Jamin — um dos melhores cavalos de trote do fim dos anos 1950 e tricampeão da Horse Racing South American —, as corridas de cavalos foram seu passaporte para ingressar na elite norte-americana.

Fornecedora oficial da "Corte de Sua Majestade, o Imperador", desde 1908, sob o comando de Camille, a história da Roederer passou de czares russos para celebridades, estrelas do rap, modelos internacionais, artistas e escritores. Seu champanhe se tornou um ícone de excelência, símbolo de *status* e *glamour*. Jean-Claude Rouzaud sucedeu à sua avó, em 1975.

EMBAIXADORES DO CHAMPANHE

De acordo com Christine Pevitt, autora do livro *The Man Who Would Be King: the Life of Philippe d'Orléans, Regent of France* (Pevitt, 1997), e especialista em história da França setecentista, Filipe II, que serviu a França de 1715 a 1723, em um período que ficou conhecido como Regência, era de longe, o membro mais talentoso da família real. Sobrinho de Luís XIV, soldado corajoso, trabalhou para restaurar a paz e a prosperidade na França após a derrota da Guerra da Sucessão Espanhola; iniciou diálogo com a Grã-Bretanha, o inimigo tradicional da França; e encorajou a expansão colonial na América — a cidade de Nova Orleans foi nomeada em sua homenagem. Desde os primeiros anos, foi um rebelde na Corte de Versalhes, desrespeitando as convenções e exibindo seus vícios. Com fama de mulherengo e libertino, Filipe bebia demais (mas apenas champanhe) e promovia no Palais-Royal, sua residência em Paris, intermináveis orgias onde o champanhe era o vinho favorito.

> Os *petits soupers* (ceias) do Palais-Royal faziam jus ao escândalo e aos mexericos que os rodeavam. O duque de Richelieu atribuiu-os ao vinho da moda: "As orgias só começavam quando todos se encontravam naquele estado de alegria que o champanhe provoca" (Johnson, 1999, p. 240).

No decorrer dos oito anos de sua regência, o champanhe ganhou popularidade e prestígio, tornou-se o vinho sobre o qual se falava e se escrevia e conquistou outras cortes da Europa.

Jeanne-Antoinette Poisson, a Madame de Pompadour, foi uma das mulheres mais poderosas de sua época. Aos 23 anos, tornou-se a *maitresse-en-titre* (amante principal) de Luís XV da França, cumprindo a profecia de Madame Leblon, famosa cartomante parisiense do século XVIII que, ao ler a sorte da pequena Jeanne-Antoinette, afirmou que um dia ela seria a amante do rei. Culta e extremamente atraente, foi descrita como de estatura superior à comum, esbelta, graciosa, pele branca e rosada e dentes perfeitos — uma raridade para a época.

Poisson conheceu Luís XV em fevereiro de 1745, em um baile de máscaras em Versalhes realizado para celebrar o casamento de Dauphin Louis Ferdinand. O rei não resistiu a seus encantos e, em setembro do mesmo ano, tornou-a marquesa e a instalou em uma pequena suíte logo acima da sua, no palácio de Versalhes, nas cercanias de Paris, onde residia a realeza. O relacionamento íntimo do casal tinha terminado sete anos depois do casamento — Luís XV frequentemente reclamava da falta de libido da amante. Apesar disso, Pompadour continuou sendo sua confidente, amiga leal e conselheira, permanecendo ao lado do rei até sua morte, em 1764.

Madame de Pompadour gostava de chocolate, de champanhe e de sopa de trufas. Passou grande parte de sua vida na região de Champagne, onde sua família tinha propriedades, e acompanhou a evolução do vinho naquela região. Conheceu Claude Moët — um dos poucos comerciantes de vinho reconhecidos pela corte real — em uma de suas visitas regulares ao palácio, oportunidade em que provou de seu champanhe e "percebeu que era único, e nada parecido com os demais vinhos de Champagne" (Kladstrup, 2006, p. 44). Depressa se tornou uma das clientes mais fiéis de Moët — Madame de Pompadour todo ano encomendava 200 garrafas de champanhe para a temporada de verão na corte — e garantiu que seu champanhe fosse servido em todas as ocasiões especiais, selando, para sempre, a associação das borbulhas ao fausto, às comemorações e datas festivas.

Na primavera de 2018, a Moët & Chandon lançou uma edição limitada, a Rosé Capsule Collection 2018, um tributo contemporâneo à Madame de Pompadour, a precursora do sucesso da Maison de Épernay na realeza francesa.

Luís XV, rei da França, promulgou leis importantes que afetaram a distribuição e o armazenamento do champanhe. Em 1728, autorizou o comércio regular do champanhe em garrafas, mantendo, assim, sua efervescência. Afinal, "as pessoas que gostam de champanhe querem que ele tenha bolhas" (*ibid.*, p. 45), reconheceu o monarca. Um despacho anterior de 1691 impunha a venda de vinhos em barricas e proibia o transporte de vinho em garrafas.

Com Luís XV, foi possível estabelecer um padrão para as garrafas de vinho, que, até então, apresentavam as mais variadas formas e tamanhos: as garrafas deveriam ser uniformes e conter a mesma quantidade de líquido. As rolhas, por sua vez, "deveriam ser amarradas com um barbante de três fios trespassados em forma de cruz sobre a rolha" (Kladstrup, 2006, p. 45), na tentativa de conter a "fúria" das borbulhas. Bastava uma garrafa explodir para desencadear uma reação em cadeia na adega e destruir centenas de outras.

Em 1735, emitiu outro decreto real que estipulou a capacidade (930 mililitros, maior que os atuais 750 mililitros estabelecidos em 1866); o peso (não menos que 25 onças, aproximadamente 945 gramas) de uma garrafa de champanhe; e o tamanho da rolha (3,75 centímetros de comprimento). O mesmo decreto também previa uma grande variedade de formatos de diferentes capacidades: de 187 mililitros (quart); de 375 mililitros (demi bouteille); de 750 mililitros (bouteille - garrafa convencional); e de 1,5 litro (magnum). Assim, criou-se uma embalagem única para distinguir o champanhe de outros vinhos engarrafados.

Diz a lenda que, a cada segundo, uma garrafa de Moët & Chandon é aberta em algum lugar do mundo. Não é de surpreender, considerando que o objetivo declarado da vida de Jean-Rémy Moët, neto do fundador da maison, era espalhar a magia do champanhe pelo mundo. A casa de champanhe teve seu futuro brilhante profetizado no século XIX. No auge da apoteose de Moët entre a nobreza francesa, Charles Maurice de Talleyrand, ministro de Napoleão Bonaparte, que mais tarde se tornou ministro das Relações Exteriores da França, previu sua "imortalidade" ao fazer um brinde a Jean-Rémy: "A lenda de Moët vai sobreviver por muito tempo, até mesmo a Napoleão."*

Jean-Rémy Moët ainda era um jovem de 24 anos quando deixou a sede da empresa em Épernay, em 1782, para ingressar na escola militar real em Brienne-le-Châteaux. Foi lá que conheceu Napoleão Bonaparte, na época um cadete de 13 anos da Córsega, e se tornaram amigos. Anos depois, Napoleão frequentava Épernay com tanta assiduidade que Jean-Rémy mandou construir em sua propriedade uma réplica do Grand Trianon — uma das construções mais refinadas de todo o domínio de Versalhes —, e de seus jardins, para Napoleão e sua esposa, a imperatriz Josefina, permanecerem durante suas visitas.

Em 14 de março de 1814, *mon petit caporal* (meu pequeno cabo), como Napoleão era chamado por suas tropas, concedeu a Jean-Rémy Moët sua própria cruz da *Légion d'Honneur* — a mais alta ordem de mérito francesa. Disse, então, para o amigo:

> A França ainda não está nas mãos dos russos, mas, se eu fracassar, daqui a um mês estarei morto ou destronado. Sendo assim, quero recompensá-lo

---

* Disponível em: https://economictimes.indiatimes.com/champagnes-greatness-lies-in-its-pleasure/articleshow/5617928.cms?from=mdr. Acesso em: 14 de fev. de 2025.

agora pela maneira admirável como você construiu o seu negócio e por tudo o que tem feito por nossos vinhos no exterior (Kladstrup, 2006, p. 58).

Também ofereceu de presente um lindo barril português, que hoje adorna as caves da propriedade. Foi sua última visita a Épernay. Quatro semanas depois, o imperador abdicou. Em homenagem aos 100 anos do nascimento de um dos maiores entusiastas do nobre espumante, Napoleão Bonaparte, foi lançado o Champagne Moët & Chandon Imperial Brut, em 1869.

O czar russo Alexandre II, que reinou de 1855 a 1881, tinha hábitos requintados. Recepções em sua corte eram sempre regadas a champanhe Roederer — de uma das mais importantes maisons e a sua preferida. O czar observou que o champanhe degustado naquelas ocasiões não tinha nada de especial em relação ao que se encontrava na França, e que vinha à mesa em garrafas grossas, verde-escuras, o que impedia sua identificação. Alexandre II então solicitou a Louis Roederer que desenvolvesse um champanhe exclusivo para ele, e que a bebida fosse colocada em garrafas de puro cristal de Baccarat, para não esconder sua maravilhosa cor, e com fundo reto em vez de côncavo.

A verdade é que o pedido do czar por uma garrafa transparente não foi apenas uma escolha estética. Depois de uma bomba ter explodido na sala de jantar de seu palácio de inverno, Alexandre II exigiu que a garrafa tivesse esse formato, porque assim não se poderia esconder em seu interior qualquer outro artefato que atentasse contra sua vida. Roederer não se fez de rogado e criou o magnífico Cristal, a primeira Cuvée Prestige da história do champanhe. Por infortúnio, não sobrou um único exemplar da belíssima garrafa. Sabe-se lá por quê, o czar, assim que terminava de beber o champanhe, ordenava que ela fosse quebrada.

Alexandre II foi de fato assassinado, em São Petersburgo, com uma bomba, mas o champanhe Cristal sobreviveu e tornou-se comercialmente disponível ao grande público em 1945. A maison continua a produzir o champanhe Cristal, mas somente em safras excepcionais. A garrafa que um dia foi imaginada para o czar Alexandre II, embora não seja mais de cristal, manteve sua transparência e continua a ostentar o brasão de armas do Império Russo.

Sir Winston Churchill viveu 90 anos, fumou 190 mil charutos e bebeu muito! "Tirei mais proveito do álcool, do que o álcool tirou de mim" (Vale e Scadding, 2020, p. 260). Apreciador e consumidor desde sempre, Churchill chegou a beber 42 mil garrafas de champanhe durante toda sua vida. Dizia ele: "Uma taça de champanhe proporciona uma sensação de euforia. Os nervos se sentem abrigados, a imaginação se agita agradavelmente, a perspicácia se agiliza" (*ibid.*).

Churchill já era um fã entusiasta da Maison Pol Roger quando, em um almoço oferecido pelo embaixador britânico na França para celebrar a retomada de Paris pelos aliados, durante a Segunda Guerra Mundial, conheceu a belíssima Odette Pol Roger, a grande dama da maison de champanhe de sua família. Na ocasião, foram servidas garrafas do excepcional Pol Roger 1928. Foi amizade à primeira vista pela encantadora Odette e amor ao primeiro gole pelo estupendo champanhe. Após essa ocasião, Sir Winston brindou todas as suas vitórias e consolou-se de todas as derrotas com Pol Roger. Em agradecimento, Odette passou a lhe enviar, religiosamente, todos os anos, em seu aniversário, uma caixa da safra de 1928. Para retribuir a gentileza, Churchill deu a um de seus cavalos mais velozes o nome de "Pol Roger".

O primeiro-ministro viajou exaustivamente ao longo de sua vida como político, mas nunca chegou a Épernay para pisar as uvas, como havia prometido a Odette. Isso não o impediu de proclamar o número 44 da Avenue de Champagne, sede desse grande champanhe, "o endereço mais 'bebível' do mundo" (Delpal, 1993, p. 129).

Quando Churchill faleceu em 1965, Odette ordenou que fosse colocada uma tarja preta ao redor do rótulo de todas as garrafas de Pol Roger enviadas para o Reino Unido, em sinal de luto. Decorridos dez anos de sua morte, para homenagear o célebre estadista britânico, a maison passou a envelhecer em suas caves o que seria a Cuvée Prestige da marca, a Pol Roger Winston Churchill. Lançada em 1984, no Palácio de Bernheim, local onde Churchill nasceu, o champanhe é somente produzido em safras consideradas excepcionais que sempre são submetidas à aprovação da família do primeiro-ministro.

BREVES HISTÓRIAS E CURIOSIDADES

A tradição de celebrar com champanhe começou com a realeza francesa, que apreciava os vinhos de Champagne desde o fim do século V d.C. O batismo de Clovis I, rei dos francos, convertido do paganismo ao cristianismo, na catedral de Reims, por Saint Remy, no Natal de 496, deu o início à prática de coroar os reis da França nesse local e comemorar com os vinhos de Champagne. Primeiro, em 816 com a coroação de Luís, o Piedoso, e depois em 893 com a coroação de Carlos III. Desde 987, todos os reis da França foram coroados na Catedral de Notre-Dame de Reims, com poucas exceções (Hugh Capet, Roberto II, Luís VI, João I, Henrique IV e Luís XVIII).

Os vinhos de Champagne eram uma parte essencial das festividades. Os monarcas franceses abraçaram o champanhe, conferindo a esse um endosso real capaz de transformá-lo em um símbolo de grandeza digno da realeza. Foi assim que o champanhe passou a ser consagrado "o Vinho dos Reis e o Rei dos Vinhos".

Contrariamente ao que se conta, a lenda de que se costumava servir champanhe no sapato das damas no decorrer do século XVIII, não surgiu nos bordéis parisienses.

> Estando alguns janotas na companhia de uma célebre *fille de joie*, um deles tirou-lhe o sapato e, num excesso de galantaria, encheu-o de champanhe, o qual tomou à saúde da dama. Imediatamente brindado pelos outros, decidiu levar o cumprimento ainda mais longe: ordenou que se preparasse o sapato para servi-lo na ceia. O cozinheiro levou a sério o trabalho: rasgou em finas tiras a parte superior (que era de damasco) e a colocou no guisado; picou a

sola; cortou o tacão de madeira em fatias finíssimas, fritou-as na manteiga e arrumou-as em toda a volta do prato, para decorá-lo" (Johnson, 1999, p. 219).

Os rapazes se fartaram. Acontecimento devidamente registrado pelo jornal londrino *The connoiseur*, em 6 de junho de 1754.

Tradicionalmente, creditava-se à Veuve Clicquot o pioneirismo na elaboração e comercialização do champanhe Rosé, em 1818. Madame Clicquot, à frente da casa entre os séculos XVIII e XIX, e como visto uma personalidade-chave no desenvolvimento e sucesso de sua casa e do champanhe, que, insatisfeita com o sabor da bebida feita por maceração, até então, resolveu adicionar vinho tinto ao branco, obtendo uma coloração rosácea, que batizou de *Rosé d'assemblage*. Entretanto, mais recentemente, a Ruinart, a mais antiga casa de Champagne, descobriu documentos que comprovam que já em 1764 engarrafava e vendia vinho *Rozet*, mais tarde, Rosé. Esse vinho rosado chamava-se *Oeil de Perdrix* (olho de perdiz), que se refere à cor do olho de um pássaro recém-abatido.

Assim, como esclarece Eric Tirabassi, jornalista italiano e editor do site BestChampagne.fr:

> Frédéric Panaïotis, chef de cave de Ruinart, sugere que muito provavelmente o método *saignée* foi usado, acidentalmente. Tanto a Ruinart como a Veuve Clicquot pertencem ao grupo de luxo LVMH, por isso não faz sentido discutirem sobre a paternidade do champanhe Rosé. Dominique Demarville, da Veuve Clicquot, comentou elegantemente que a inovação de Madame Clicquot em adicionar vinhos tintos ao blend foi visionária, e que a recente revelação de Ruinart é uma boa notícia porque mostra que a procura por champanhe Rosé existia há mais de 200 anos.

Estudo feito pela Maison Bollinger chegou à conclusão de que existem 56 milhões de borbulhas, em média, em uma garrafa aberta de 750 mililitros de um champanhe. Para chegar a esse resultado, a maison calculou o diâmetro e o volume das borbulhas. Depois determinou o potencial tamanho da área que elas conseguiriam preencher. Por fim, o tamanho das borbulhas foi dividido pela área. Quanto menores, em maior volume e maior persistência, melhor será o espumante.

Lukas Wagner, em sua tese de doutorado, *Simulating the opening of a champagne bottle*, afirma:

Uma rolha de champanhe voa a uma velocidade comparativamente baixa, atingindo talvez 20 metros por segundo* [...] O verdadeiro campeão de velocidade é o gás que escapa da garrafa. Ele ultrapassa a rolha ao passar por ela e atinge velocidades de até 400 metros por segundo, o que corresponde a mais de 1.400 quilômetros por hora. Isso é mais rápido do que a velocidade do som. O jato de gás, portanto, quebra a barreira do som logo após a garrafa ser aberta.**

A garrafa de espumante, por sua vez, tem pressão de 70 libras (31,75 quilogramas) ou duas vezes a pressão de um pneu de carro.

São inúmeras as lendas acerca da criação da taça de champanhe: teria sido feita em bronze, com base em um molde de cera tirado dos seios de Helena de Troia e guardado a sete chaves na ilha de Rodes, diz a mais antiga; ou atribuída a Diane de Poitiers, a cortesã favorita de Henrique II da França, que teria encomendado a um soprador de vidro do Château d'Anet, as taças para satisfazer o desejo do rei de "beber vinho dos seus seios". Para alguns, o molde teria sido de Josefina de Beauharnais, imperatriz da França e esposa de Napoleão Bonaparte. Quem sabe, ainda, o molde teria sido inspirado no formato dos seios de uma das amantes do rei Luís XV; ou dos da marquesa Madame de Pompadour, ou da célebre Madame du Barry. Certo mesmo é que Luís XVI ordenou à fábrica de porcelana de Sèvres que fossem criadas quatro taças para adornar a leiteira da rainha Maria Antonieta, no castelo de Rambouillet. Essas taças, chamadas de *jattes téton*, desenhadas por Jean Jacques Lagreneé, foram inspiradas no formato dos seios da rainha. Estão agora expostas no museu nacional de cerâmica de Sèvres, em Paris.

A sabragem, do francês *sabrage*, foi imortalizada por Napoleão Bonaparte e seus homens, que costumavam comemorar suas vitórias nos campos de batalha sem se apear de seus cavalos, com champanhes abertos com golpes de sabre. Para assegurar o sucesso da abertura, a garrafa tem de estar bem gelada e não pode ser sacudida em hipótese alguma, para que a pressão interna não aumente. A segunda etapa consiste em remover toda a cápsula que envolve o gargalo. Com uma das mãos, a pessoa deve segurar a garrafa na base, colocando o dedo polegar no fundo desta, que tem de ficar inclinada para cima e para a frente. A outra mão segura o sabre. Depois, é preciso encontrar a emenda de vidro das metades que formam a garrafa. Para isso, o fio ou o dor-

---

* Cerca de 72 quilômetros por hora.

* Disponível em: https://phys.org/news/2023-12-physics-champagne.html. Acesso em: 14 de fev. de 2025.

so da lâmina do sabre tem de acertar essa emenda com um único golpe firme e preciso, que quebrará a garrafa na base do gargalo. Feito isso, o impacto do sabre, aliado à pressão interna, impulsionará o líquido para bem longe.

Épernay fica no coração da região de Champagne, na França, tem uma população de pouco mais de 27 mil habitantes e uma das mais altas rendas *per capita* de toda a França. Abriga dezenas de maisons de champanhe — dez delas em uma única rua, batizada de Avenue de Champagne —, e, por esse motivo, é considerada a capital do champanhe. A pequena cidade vive e respira champanhe. Grandes nomes como Moët & Chandon, Perrier-Jouët, Pol Roger, de Venoge e Mercier estão instalados em suntuosas mansões do século XIX, coladas umas às outras. Em Épernay, há uma verdadeira e pungente cidade subterrânea, formada por 110 quilômetros de caves, a uma temperatura constante, entre 10 °C e 12 °C, e protegidas pela escuridão onde o champanhe — cerca de 200 milhões de garrafas —, descansa e envelhece em berço esplêndido.

Na Maison Pol Roger, em Épernay, há em destaque um retrato de Christopher Soames, deputado, ministro e embaixador britânico na França, de 1968 a 1972, e genro de Sir Winston Churchill. Encarregado de negociar a transição da Rodésia do Sul de colônia britânica para sua independência, em 1979, Soames armou-se com um suprimento de champanhe Pol Roger. No decorrer das negociações, ele anunciou: "O problema será resolvido em trinta dias."* Questionado por outro diplomata como ele poderia ser tão exato, respondeu: "Porque só me restam trinta garrafas de Pol Roger."*

Quase 5 mil garrafas de champanhe, 67 barris de conhaque, 170 litros de xerez e 17 barris de vinho tinto e do Porto, esse tesouro estimado em 12 milhões de dólares pela casa de leilões Christie's, estava "morando" nas águas geladas e escuras do mar Báltico, a uma profundidade de 64 metros, a bordo do navio de transporte sueco Jönköping, desde 3 de novembro de 1916. A embarcação, com destino a São Petersburgo, foi torpedeada por um submarino alemão, em plena Primeira Guerra Mundial.

Os destroços foram encontrados por uma expedição capitaneada pelos mergulhadores, Claes Bervall e Peter Lindberg, 78 anos depois. Entre as preciosidades, 2,4 mil garrafas do Monopole "Gout Americain" 1907, elaborado pela Heidsieck & C°, uma das empresas de champanhe mais antigas de toda a região francesa de Champagne e, na época, fornecedora exclusiva do exército imperial russo. As caixas de madeira, a escuridão, a temperatura constante e

----

* Disponível em: https://www.clarkwinecenter.com/history-of-champagne-13/. Acesso em 14 de fev. de 2025.

a pressão da água ajudaram a preservar a qualidade do champanhe. Esse foi o único champanhe servido no Titanic, em 1912.

Fascinados pelo potencial de envelhecer o champanhe em um ambiente totalmente diferente de seus tradicionais *crayères*, a Veuve Clicquot lançou o experimento *Cellar in the Sea* (adega no mar), um programa de 40 anos para estudar os efeitos do envelhecimento do champanhe debaixo d'água. A ideia do experimento surgiu em 2010, após a descoberta fortuita de 47 garrafas de Veuve Clicquot datadas entre 1825 e 1830, em uma escuna que naufragou por volta de 1852, no arquipélago de Aland, que fica no meio de caminho entre a Finlândia e a Suécia. O carregamento, em um total de 145 garrafas, contemplava ainda os champanhes Juglar e Perrier-Jouet. Ao que tudo indica, destinava-se à corte russa. No ano seguinte, um exemplar da Maison Clicquot foi vendido pela bagatela de 15 mil euros.

MUNDO DO CHAMPANHE

Champanhe só é champanhe em Champagne

Todo champanhe é um espumante, mas nem todo espumante é champanhe. Somente os espumantes produzidos na região de Champagne, no extremo norte da França, elaborados pelo método *champenoise* (no qual a segunda fermentação é feita na própria garrafa), de três castas em diante, com as tintas Pinot Noir e Meunier, e a branca Chardonnay, e envelhecidos por, pelo menos, 15 meses, seguindo as regras ditadas pelo Comité Interprofessionnel du vin de Champagne (CIVC), um órgão regulador que reúne os produtores e comerciantes da região, podem ser chamados de *champagne*. Os métodos de plantio, produção, engarrafamento e rotulagem também são rigorosamente controlados por esse comitê. Qualquer outro espumante, mesmo que elaborado pelo método *champenoise*, deverá se chamar de *mousseux*.

A região de Champagne está situada na altura do paralelo 49 de latitude norte, em altitudes entre 90 metros e 300 metros, com solos calcários, compostos de blocos argilocalcários (*marnes*), pedra calcária e giz — por ser tão poroso, o giz funciona como um excelente reservatório subterrâneo para as vinhas, ao mesmo tempo que oferece uma boa drenagem para que as raízes não fiquem encharcadas e consigam penetrar profundamente na terra, conferindo às uvas uma mineralidade muito particular. As temperaturas médias anuais são baixas, em torno de 11 °C, com cerca de 600 milímetros a 900 milímetros de chuvas, sem variações significativas entre as estações. Os vinhedos, geralmente plantados nas encostas, aproveitam melhor a insolação que gira em torno de 1.650 horas/ano.

A área oficial de produção de Champagne foi delimitada em 1927, pelo então Institute Nationale des Appellations d'Origine (INAO), mas só em 1936 a região conquistou a denominação de origem controlada (*Appellation d'Origine Contrôlée* — AOC). Localizada a cerca de 145 quilômetros a nordeste de Paris, a região abrange 319 aldeias vitivinícolas, também chamadas de *crus*, o equivalente a pouco mais que 34.300 hectares espalhados por três regiões e cinco departamentos: Marne (66% das plantações, região de Grand Est), Aube (23% das plantações, região de Grand Est), Aisne (10% das plantações, região de Hauts-de-France), Haute-Marne e Seine-et-Marne (1% das plantações, regiões Ilê-de-France e Grand Est). Já a área vitivinícola é constituída por cinco principais sub-regiões: Montagne de Reims; Vallée de la Marne; Côte des Blancs, as três mais importantes; Côte de Sézanne; e Côte des Bar (Aube). São mais de 16 mil produtores que fornecem uvas para 130 cooperativas e 370 maisons. Apenas uma pequena parcela se destina aos produtores independentes que elaboram seus próprios vinhos.

Em meados do século XX, para definir o preço das uvas cultivadas em cada vilarejo de Champagne, foi criado um sistema de classificação conhecido como *l'échelle des crus*.

> Os vinhedos recebiam médias entre 80 a 100%, e os plantadores recebiam o pagamento equivalente. (Para simplificar a matemática, se um quilo de uvas custava dez dólares, um plantador cujo vinhedo era classificado 100%, receberia dez dólares por quilo. O proprietário de um vinhedo classificado como 80% receberia oito dólares por quilo) (MacNeil, 2003, p. 155).

Embora esse sistema tenha sido abolido em 2010, os vinhedos ainda são classificados segundo a qualidade das uvas, o que, por sua vez, define o preço a ser pago por quilo de uva de cada região. Quanto maior a classificação, maior o preço a ser pago.

A natureza do solo e, acima de tudo do subsolo, a localização do vinhedo, a exposição ao sol, o tipo de poda, a casta e idade das vinhas, entre outros fatores, influenciam na qualidade da uva, o que confere ao vinho características muito específicas e diferenças muito sutis entre vinhos elaborados com a mesma casta, mas provenientes de vinhedos distintos.

Cru é um termo que deriva do verbo *croître*, crescer, e está intimamente ligado ao conceito de *terroir*. Designa um vinhedo específico ou uma zona delimitada com aptidão para produzir vinhos com características originais e de ótima qualidade, que se classifica em três hierarquias: Grand Cru, Premier Cru e Cru AOC.

Dos 319 vilarejos produtores, somente 17 são designados Grand Crus e estão localizados nas comunas de Ambonnay, Avize, Aÿ, Beaumont-sur-Vesle, Bouzy, Chouilly, Cramant, Louvois, Mailly-Champagne, Mesnil-sur-Oger, Oger, Oiry, Puisieulx, Sillery, Tours-sur-Marne, Verzy e Verzenay, que cobrem 14% de todo o território da denominação onde se encontram os melhores champanhes produzidos com 100% de uvas de um único vinhedo e onde as uvas são mais caras. Os 43 vilarejos que se qualificam como Premiers Crus representam cerca de 17,6% de todo território e elaboram champanhes com 90% a 99% de uvas de um único vinhedo. Ocasionalmente, podem ocorrer mudanças sobre quais vinhedos podem ser chamados de Premier Crus. Os demais são crus que produzem a bebida com 80% a 89% de uvas de um único vinhedo. Champanhes elaborados com uvas de vinhedos classificados como Grand Crus ou Premier Crus ostentam essas denominações em seus rótulos.

Quanto às sub-regiões, Montagne de Reims, ao sul da cidade que lhe empresta o nome, é a mais fria. Famosa por seu Pinot Noir, que responde por cerca de 40% das plantações, detém o maior número de vinhedos Grand Crus: nove ao todo; o Vallée do Marne, é o coração da região vinícola e se estende ao longo do rio Marne. A maioria das uvas Meunier cresce nos solos argilosos e arenosos da região que conta com dois vilarejos Grand Crus: Aÿ e Tours-sur-Marne; em Côte des Blancs, como o nome sugere, a uva branca da região, Chardonnay, domina: 4/5 dessas encostas ao sul de Épernay são plantadas com essa. A região abarca cinco Grand Crus, que inclui Cramant, Le Mesnil-sur-Oger e Chouilly; em Côte de Sézanne, região mais recente de Champagne, continuação da Côte de Blancs, cujos vinhedos foram plantados ao longo da década de 1960, predomina a Chardonnay; já em Côte des Bar, no departamento de Aube, com verões bem quentes, reina a Pinot Noir.

Em 2015, as encostas, as casas de venda e as adegas de Champagne foram declaradas Patrimônio Histórico da Humanidade, na categoria "Paisagens Culturais Organicamente Evoluídas", pela Organização das Nações Unidas para a Educação, a Ciência e a Cultura (Unesco).

PARTICULARIDADES

Uvas

Apenas estas três castas são permitidas para a elaboração do champanhe:

- **Pinot Noir,** a mais prestigiada das duas uvas tintas, confere corpo, textura e aroma, com nuances de frutas vermelhas.
- **Meunier**, que contribui para dar um toque frutado e maciez ao vinho.
- **Chardonnay**, a única uva branca que cresce na região, é a responsável pelo frescor, pela cremosidade, requinte e elegância com suas notas florais e cítricas.

Tipos quanto ao teor de açúcar

Classificam-se em:

- **Brut Nature, também conhecido como Non-Dosé, Ultra Brut, Brut Sauvage ou Brut Zero:** 0 g/L* (sem adição de licor de expedição).
- **Extra Brut (extremamente seco):** até 6 g/L.
- **Brut (muito seco):** menos de 15 g/L.
- **Extra Sec ou Extra Dry:** de 12 a 20 g/L.
- **Sec (ligeiramente doce):** de 17 a 35 g/L.
- **Demi-Sec (doce):** de 33 a 50 g/L.
- **Doux (muito doce):** superior a 50 g/L.

*g/L = grama(s) de açúcar por litro.

Como conta Marcelo Copello:

> Até os anos 1920, era comum que a dosagem do champanhe fosse determinada pelo mercado a que destinava. Em vez do uso de termos como "Brut" ou "Demi-Sec", usavam-se: "Goût anglais", "Goût américain" e "Goût français" (respectivamente, "gosto inglês", "gosto americano" e "gosto francês"), em ordem crescente de doçura. Estes valores variaram ao longo da história, mas há registros de que, no fim do século XIX, eles seriam: para os ingleses, 22 a 66 g/L; para os americanos, 110 a 165 g/L; e, para os franceses, 165 a 200 g/L.*

Categorias

Podem ser:

- **Cuvée, NV (Non Vintage) ou sans Année (não safrado):** feito com uvas de várias safras. É o mais comum. A maioria dos champanhes — cerca de 80% — não tem safra declarada.
- **Vintage ou Millésime (safrado):** elaborado com 100% das uvas de uma safra excepcional. Pode ser armazenado por oito até dez anos da data da colheita.
- **Cuvée Prestige ou Special Cuvée:** produzido em pequenas quantidades, é o mais caro e mais prestigiado de uma maison. Os champanhes Dom Pérignon, de Moët et Chandon; Comtes de Champagne de Taittinger; Belle Époque de Perrier-Jouët; Dom Ruinart de Ruinart; Bollinger R.D. e Grand Année de Bollinger; Cristal de Louis Roederer; La Grande Dame de Veuve Clicquot; Cuvée Winston Churchill de Pol Roger; Cuvée Charles de Gaulle de Drappier e Grand Siècle de Laurent-Perrier são ótimos exemplos.

São quatro os fatores que determinam as diferenças entre esses: os vinhedos, as uvas, o corte e o envelhecimento. Essas categorias também são empregadas para outros espumantes fora da região de Champagne.

Quando produzido apenas com uvas brancas, geralmente Chardonnay, recebe a denominação *Blanc de Blancs*, que, em francês, significa um champanhe branco feito de uvas brancas. Quando elaborado exclusivamente com uvas

---

* Disponível em: https://revistaadega.uol.com.br/artigo/o-champagne-nosso-de-cada-dia_7686.html. Acesso em: 14 de fev. de 2025.

tintas, Pinot Noir e Meunier — pode ser com apenas uma ou com a mistura das duas —, é denominado *Blanc de Noirs*.

Esses termos também são utilizados para outros espumantes fora da região de Champagne.

Produtores e sua classificação

É importante decifrar o par de letrinhas que aparecem, minúsculas, antes do número de inscrição do fabricante no CIVC, nos rótulos de uma garrafa de champanhe, e classificam o produtor. Assim:

- **NM** (*Négociant Manipulant*): empresas que compram uvas de terceiros e elaboram seus vinhos.
- **RM** (*Récoltant Manipulant*): empresas que produzem apenas com uvas cultivadas em terras próprias e comercializam seu próprio champanhe.
- **CM** (*Coopérative Manipulant*): champanhe elaborado e comercializado por cooperativas.
- **RC** (*Récoltant Coopérateur*): membros de uma cooperativa que vendem os champanhes produzidos por outras cooperativas e colocam sua própria marca no rótulo do produto.
- **MA** (*Marque Auxiliaire*): champanhe de marca sem vínculo com o produtor, vendido para rede de lojas de vinho e supermercados.
- **SR** (*Société des Récoltants*): associações de vinicultores, mas não cooperados, que produzem determinada marca de champanhe e revendem o produto com sua própria marca.
- **ND** (*Négociant Distributeur*): empresas que não produzem, apenas comercializam o champanhe com sua própria marca.

Garrafas

De acordo com sua quantidade, podem ser:

- **Quart:** armazena 187 mililitros, o equivalente a um quarto de garrafa convencional.
- **Demi-bouteille:** armazena 375 mililitros, o equivalente a meia garrafa convencional.
- **Bouteille:** armazena 750 mililitros, o equivalente a uma garrafa convencional.

- **Magnum:** armazena 1,5 litro, o equivalente a duas garrafas convencionais.
- **Jéroboam** (primeiro rei de Israel): armazena 3 litros, o equivalente a quatro garrafas convencionais.
- **Réhoboam** (rei de Judá): armazena 4,5 litros, o equivalente a seis garrafas convencionais.
- **Mathusalem** (homem mais longevo da Bíblia, viveu 969 anos): armazena 6 litros, o equivalente a oito garrafas convencionais.
- **Salmanazar** (rei do Império Neoassírio): armazena 9 litros, o equivalente a 12 garrafas convencionais.
- **Baltazar** (um dos Três Reis Magos e neto de Nabucodonosor): armazena 12 litros, o equivalente a 16 garrafas convencionais.
- **Nabucodonosor** (rei da Babilônia): armazena 15 litros, o equivalente a 20 garrafas convencionais.
- **Salomão** (terceiro rei de Israel, filho de Davi): armazena 24 litros, o equivalente a 32 garrafas convencionais.

No fim de 1800, algumas garrafas receberam nomes de reis bíblicos, mas o motivo é desconhecido.

OUTROS VINHOS ESPUMANTES

Espumantes são produzidos em diferentes regiões do mundo. São elaborados com base nos métodos *champenoise* (fermentação na garrafa), *charmat* (fermentação em tanques de inox, chamados de "autoclaves"), o que resulta em diferentes estilos de espumantes, a saber: Nature, Extra Brut, Brut, Sec, Demi-Sec e Doux, ou Asti (empregado na produção dos espumantes Moscatel).

Existem oito AOCs voltadas à produção dos *crémants*, como são conhecidos os melhores efervescentes, produzidos unicamente pelo método tradicional e envelhecidos por, no mínimo, 12 meses em contato com as leveduras restantes, fora da região de Champagne, e uma em Luxemburgo, minúsculo país entre a França e a Alemanha. São elas: Alsácia, que responde por mais de 50% de todos os *crémants* franceses; Bordeaux; Borgonha; Die; Jura; Limoux; e, mais recentemente, Saboia. Os outros espumantes franceses que não obedecem às condições impostas aos *crémants* são denominados *vins mousseux*. Vinificados sob o método *charmat*, algumas das principais AOCs desse tipo são Blanquette de Limoux, no Languedoc-Roussillon; Anjou Mousseux e Saumur Mousseux, no Loire; e Clairette de Die, no Vale do Ródano.

Na Itália, chama-se *spumanti* e o mais conhecido é o piemontês Asti, adocicado e com baixo teor alcoólico, elaborado como a variedade Moscato, de uma única fermentação. Trata-se da denominação de origem controlada (DOC) de maior produção da Itália. Somente os espumantes elaborados em Piemonte podem trazer a denominação "Asti" em seus rótulos. Quando produzidos em outros países, recebem a denominação "espumante Moscatel" ou "espumante Moscatel elaborado pelo método Asti". O primeiro espumante moscatel brasileiro foi produzido pela Martini & Rossi, em 1978, na Serra Gaúcha; o lombardo Franciacorta, considerado o melhor de todos com *Denominazione di*

Origine Controllata e Garantita (DOCG), elaborado pelo mesmo método francês do champanhe com a exigência de ficar, pelo menos, 18 meses em contato com as leveduras; e o Prosecco, produzido na região do Veneto, pelo método *charmat*, com a uva branca Glera, no passado chamada de "Prosecco", e protegido pela DOC; e o frisante, em geral, com metade do gás carbônico encontrado nos espumantes. O mais conhecido é o Lambrusco da região de Emilia-Romagna.

Quando produzido na Espanha, pelo método de segunda fermentação em garrafa com uvas nativas, preferencialmente Xarel-lo, Parellada e Macabeo, mas também com as francesas Chardonnay e Pinot Noir, o espumante é denominado "Cava". Aragão, Catalunha, Rioja, Valência, Navarra e Extremadura são algumas das regiões onde esse é produzido. Codorniú e Freixenet, são as mais importantes produtoras de espumantes Cava do país; em solo alemão o espumante é chamado de *Sekt*, nomenclatura também adotada na Áustria. Quando elaborado com uvas locais, recebe o nome de *Deutscher Sekt* (espumante alemão). Se produzido com uvas provenientes de regiões de alta qualidade, é denominado *Sekt b.A. (bestmmter Anbaugebiete)*.

Em países de língua inglesa, é *Sparkling Wine*; na África do Sul, elaborado pelo método *champenoise*, é *Cap Classique*. Na Rússia, desde 2021, por decreto assinado pelo presidente Vladimir Putin, apenas os *champanskoe* podem ser etiquetados como champanhe. O borbulhante francês, desde então, é rotulado e classificado como espumante. No Brasil, o espumante ainda não tem um nome próprio. Vamos a ele!

PARTE 2
HISTÓRIA DO ESPUMANTE BRASILEIRO

PIONEIRISMO DE MANOEL PETERLONGO

De 1815 a 1870, a Itália viveu um período de levantes, guerras, revoluções e contrarrevoluções em todos os estados da Península cujos objetivos eram derrubar o absolutismo, expulsar os austríacos da Península e unificar o país. Em 1870, a Itália estava entre os países mais pobres e populosos da Europa, com enorme oferta de mão de obra em razão das guerras de unificação (1848-1871) — foram 57 anos até a Itália tornar-se um só Estado e ser o que é hoje.

Do outro lado do Atlântico, no jovem e próspero Brasil, havia terra em profusão e muita oferta de trabalho. Os jornais faziam propaganda incentivando a vinda para América e todos queriam saber *como sarà la Mérica* (como será a América). A propaganda imigratória brasileira, por sua vez, prometia viagem gratuita, auxílio nos primeiros anos, nacionalização imediata e possibilidade de propriedade da terra. Além disso, uma crise econômica na maioria do continente europeu fomentou a chegada de cerca de 1,5 milhão de italianos ao Brasil *per trovar ela cucagna* (para encontrar fortuna), em 1875. Provenientes em sua maioria do Vêneto (54%), do Trento (7,5%) e da Lombardia (33%), regiões do norte da Itália com forte tradição em vitivinicultura, aproximadamente 100 mil imigrantes, entre eles Emmanuelli (Manoel) Peterlongo Filho, estabeleceram-se no Rio Grande do Sul marcando o grande momento da história da vitivinicultura nacional.

Fundadas nessa época, estas colônias constituem o maior e mais importante núcleo brasileiro de vitivinicultura: Dona Isabel (hoje Bento Gonçalves), Conde d'Eu (atual Garibaldi), Campos dos Bugres (antiga denominação de Caxias do Sul), Nova Trento (como Flores da Cunha era antes conhecida), Nova Vicenza (agora Farroupilha), entre outras. Apreciado em casa, nos primeiros tempos, e, em seguida, transformado em atividade comercial, como sustento da família e da comunidade, o vinho tornou-se base da riqueza do Rio Grande do Sul.

Anos depois, no dia 1º de junho de 1904, chegam a Garibaldi, então colônia Conde d'Eu, os Irmãos Maristas, provenientes da região de Champagne, reconhecida pela excelência de seus vinhos. Os religiosos que tinham necessidade de vinho para seus rituais e para seu consumo, e dominavam as técnicas de vivificação, logo começaram a cultivar parreirais para produzir vinho de missa. E com sucesso. Já em 1911, o irmão Pacômio Sion, natural do sul da França, fundou a Granja Santo Antônio, mais tarde Pindorama S/A Vinhos e Champanhas, a primeira cantina da região, que chegou a produzir 400 mil litros de vinhos em 1930. Por seus feitos, Pacômio acabou se tornando uma referência para os vinhateiros locais.

Dois anos após a fundação da Pindorama, um imigrante vindo do Trento, no Tirol italiano, Manoel Peterlongo Filho, criou o primeiro champanhe brasileiro, de modo artesanal no porão de sua casa. Seu espumante ganhou a primeira medalha de ouro e o registro oficial que atesta o início da produção da bebida no país. Cabe a Manoel Peterlongo o mérito de ter transformado Garibaldi em berço do espumante nacional, e a marca Peterlongo, em sinônimo de champanhe.

Ao desembarcar no Brasil, por volta do ano de 1875, o jovem agrimensor, Manoel Peterlongo Filho, instalou-se em um lote na região central da colônia de Conde d'Eu, onde, por conta de sua formação, trabalhou na demarcação da área que se destinou à construção do núcleo urbano de Garibaldi, vindo mais adiante a se tornar coletor estadual, responsável pelo controle e pela cobrança dos impostos territoriais da cidade.

Muitos imigrantes italianos trouxeram mudas de videiras de sua terra natal, como Barbera, Bonarda, Moscato e Trebbiano, que não sobreviveram à viagem ou, então, por serem variedades viníferas, não se adaptaram à nova terra. Apaixonado pelos espumantes que aprendera a apreciar na Itália, Manoel não fugiu à regra.

Quando D. Pedro I criou a colônia de São Leopoldo, no Rio Grande do Sul, em 1824, milhares de alemães começaram a desembarcar no sul do país, atraídos pela promessa de terra, alguns bois e vacas, ferramentas, ajuda de custo de 1 franco por pessoa no primeiro ano e isenção de impostos. Como passaram por experiência semelhante com espécies trazidas do vale do Reno, os alemães, então, forneceram suas mudas de uva Isabel, muito bem adaptadas na região, para que fossem plantadas junto às casas, para consumo doméstico. Logo, as videiras de espécies americanas passaram a predominar, mas não se prestavam à elaboração dos vinhos ao estilo que Manoel estava acostumado a degustar. Nesses tempos, seu amigo Carlos Dreher Filho, interessado em produzir vinhos brancos finos, já começava a incentivar o plantio de vinhedos de uvas brancas finas, em Bento Gonçalves e arredores, possibilitando, anos depois, a elaboração dos primeiros vinhos brancos nacionais, Liebfraumilch e Reno, e, também, do espumante Dreher. Partilhando interesses comuns, as famílias se uniram e passaram a fomentar a importação de castas brancas europeias, possivelmente a partir de 1905.

O esforço foi recompensado e, logo, Manoel — que, diferentemente dos demais imigrantes, trouxe consigo uma considerável quantia em dinheiro — iniciou uma pequena produção artesanal de vinhos brancos finos no porão de sua casa, com as uvas plantadas em suas terras, de variedades como Malvazia, Moscatel e Vernacia. A qualidade dos vinhos fabricados na então Peterlongo & Leindecker conquistou apreciadores junto a seus pares, o que levou Manoel a se inscrever na 1ª Exposição de Uvas de Garibaldi, realizada nas dependências do Clube Borges de Medeiros, em 1913.

Seu "Moscato Typo Champagne", elaborado pelo método tradicional francês (método *champenoise*), recebeu a medalha de ouro.

> Pela primeira vez, estava oficialmente registrada a elaboração de espumantes no Brasil. Assim, no ano seguinte, na feira de 1914, novas medalhas foram conquistadas e a fama do "Peterlongo Typo Champagne" começou a se espalhar ainda mais entre a nova elite que se formava nas colônias, traçando novos rumos a toda a história da região (Flores, 2015, p. 71).

E ainda:

> Em 1915, ainda no porão da residência familiar, a rudimentar fabriqueta [agora oficialmente registrada como Casa Vinícola Peterlongo] – começa a produção de espumantes. Na época, um dos genros de Manuel participa do empreendimento, assim aparecendo em alguns dos rótulos como "Peterlongo & Leindecker" (*ibid.*, p. 76).

Casado com Regina Vivan, também imigrante italiana, mas vinda da região de Treviso, Manoel teve dez filhos: nove meninas e um menino, o caçula Armando.

> Ao concluir o primário no Colégio Marista, Armando se muda para Porto Alegre para concluir os estudos secundários. Era de praxe entre as famílias

nobres de imigrantes mandarem seus filhos aos grandes centros para estudar, preparando-os como futuras lideranças. Em Porto Alegre, então ele se forma farmacêutico e segue para a cidade de Vacaria, onde vai estabelecer uma pequena farmácia. Enquanto isso, em Garibaldi, a pequena produção de espumantes na cantina de porão da família começa a crescer (Flores, 2015, p. 84).

Em meados dos anos 1920, atendendo a apelos paternos, Armando retorna a Garibaldi para auxiliá-lo na condução dos negócios, uma vez que Leindecker, seu cunhado, havia se retirado da sociedade. Com a morte de seu pai, em 1924, assume, então, o comando da empresa. Armando, com foco na qualidade, aumenta a produção, amplia a distribuição e segue enfrentando a concorrência do champanhe importado, que, na época, chegava ao mercado brasileiro com isenção de impostos. Já em 1930, começa a colher os louros por seu trabalho, com o Gran Espumante Armando Peterlongo:

> [...] mesmo elaborado na cantina de porão, com pouquíssima tecnologia, mas com quatro anos de envelhecimento, o espumante é condecorado com uma Medalha de Ouro em Antwerpen (Antuérpia), Bélgica, uma das feiras internacionais mais importantes da época (*ibid.*, p. 87).

Em 1928, foi fundado o Sindicato Vitivinícola do Rio Grande do Sul, depois transformado em Instituto Rio Grandense do Vinho, por iniciativa de Oswaldo Aranha, então secretário estadual do governador Getúlio Vargas, em 1928. Cabia ao sindicato tentar equilibrar o mercado, dar suporte aos vitivinicultores, controlar a produção e a comercialização de todo o vinho produzido e combater falsificações e práticas desleais. Principalmente, cabia ao sindicato unir e fortalecer o setor, que, apesar de todas as dificuldades, vinha em um crescendo. Por meio de um decreto, o governo estadual impôs a obrigatoriedade de exames bromatológicos dos vinhos, a serem realizados somente pelo sindicato e de expediente gratuito para os associados. Para ser vendido, o vinho teria, então, de passar por um exame de laboratório que exigia um padrão mínimo de qualidade. Armando aderiu à instituição que abrigava 41 comerciantes produtores de vinho.

No ano seguinte, surgiu a Sociedade Vinícola Rio Grandense, nome original da Companhia Vinícola Rio Grandense, braço comercial do sindicato, com um total de 49 vinícolas associadas. Seu objetivo era comercializar e homogeneizar a produção daqueles comerciantes-produtores que a fundaram, bem como a dos demais produtores que foram obrigados a abdicar da comercialização de sua produção para não pagar a taxa bromatológica, cujo valor era, aproximadamente, um terço do preço do barril de vinho. A Companhia passa a comprar uvas dos produtores e vinificá-las nas cantinas dos associados e nos postos de vinificação que a empresa havia começado a construir próximos aos parreirais. Dessa maneira, assume, então, o controle de toda a comercialização de vinho da colônia. Entre os sócios fundadores da Rio Grandense, estavam Armando, Antonio Pieruccini, Lourenço e Horácio Monaco, Cesar Baldisserotto, Luis Michelon, Carlos Dreyer Filho e Paulo Salton.

Apesar de todos os esforços, os conflitos e desentendimentos continuavam. Empreendedor visionário, Armando já tinha iniciado os seus planos, de construção da atual vinícola e estava focado na melhoria de qualidade na produção de espumantes. Descontente, firma sua posição de produtor independente, continuando a comercializar diretamente seus produtos no mercado e mantendo suas operações centralizadas.

As rigorosas exigências legais e sanitárias impostas pelo sindicato que inviabilizaram a produção artesanal, aliadas a uma forte crise deflagrada em virtude da superprodução — faltava mercado para o "vinho da colônia" —, fizeram surgir, na década de 1930, várias cooperativas, como a Forqueta (1929), a precursora, seguida pela Aliança, pela Aurora (a maior até o presente momento) e pela Garibaldi (1931), que passam a atuar por meio de seus postos de vinificação nas áreas de produção.

Empreendedor visionário, Armando contrata o arquiteto italiano Silvio Toigo, radicado em Caxias do Sul, dando início à construção da sede da empresa, o Castelo Peterlongo, em uma área de 10 quilômetros quadrados, inspirado nos moldes franceses de Champagne. Dotado de caves subterrâneas, com estrutura em pedras de basalto, material que propicia um excelente isolamento térmico, que mantêm a temperatura constante de 12 °C a 14 °C, ideal para a preservação de champanhes. Mandou construir um túnel interligando os jardins às caves, que também favorece a ventilação dos subterrâneos, mantendo a temperatura ambiente baixa o suficiente para facilitar o *dégorgement* reduzindo as perdas de gás carbônico:

> [...] a busca da tecnologia foi um dos objetivos. Pesquisando catálogos e representantes de empresas francesas, espanholas, italianas e alemãs, e estudando detalhadamente o processo, iniciou a compra das máquinas e a montagem do estabelecimento. Um dos principais fornecedores foi a Valentin Épernay, da região de Champagne, França. Rolhadeiras e colocadores de gaiolas de arame, além de diversas outras máquinas, vieram dessa fábrica. As leveduras vinham frescas, em garrafas, também desta região francesa.

O sistema de frio, aparelho específico para congelar gargalos para "dégorgement", foi importado da Alemanha, assim como os filtros. As rolhas vinham da Espanha e de Portugal (Flores, 2015, p. 125).

Armando também se destacou pelo pioneirismo ao empregar mão de obra feminina, em toda a cadeia de produção. "Benditas sejam as mulheres, pois elas fazem tudo com amor e cuidado" (*ibid.*, p. 154), afirmava ele.

Amigo de Getúlio Vargas desde quando Getúlio era governador do Rio Grande do Sul e já o apoiava e incentivava. Em 1930, então presidente do Brasil, Vargas passou a servir o champanhe Peterlongo elaborado com leveduras francesas e em maquinário francês, em cerimônias e banquetes do Governo federal, fomentando sua política nacionalista. Getúlio chegou a assinar um decreto que "obrigava o comércio, hotéis, restaurantes, boates e casas de pasto a venderem vinho produzido com uvas nacionais".

Em 1968, em visita oficial ao Brasil, a rainha Elisabeth II, acompanhada do marido, o príncipe Philip, então duque de Edimburgo, brindou com o Fino Champagne Peterlongo Brut e gostou. A repercussão foi enorme. Cerca de dez anos depois, no decorrer da Segunda Guerra Mundial, seus champagnes ganharam as gôndolas da Macy's, em Nova York, nos Estados Unidos. A produção da vinícola nessa época chegou a 360 mil garrafas ao ano. Embora as exportações tenham viabilizado o lançamento de uma nova linha de produtos (vinhos brancos e tintos, uísques e conhaques), com o fim da guerra, a empresa optou por voltar ao mercado interno. Tanto sucesso não passou despercebido pela concorrência. No início dos anos 1950, a francesa Georges Aubert chega ao Brasil e se instala em Garibaldi.

Com a morte de Armando Peterlongo em agosto de 1966, em Roma, sua primeira viagem internacional, novas diretrizes são implementadas por seus genros. A empresa, que já havia adotado o método *charmat*, no qual a tomada de espuma é feita em autoclaves e não na própria garrafa, como no método tradicional de Champagne, para baratear os custos de produção, começa a produzir o filtrado doce Espuma de Prata, com foco nas classes menos abastadas, para fazer frente às sidras que vinham ganhando mercado. Criada pelo enólogo Carlos Menegotto, a bebida é uma mistura de suco de uva e vinho com injeção de gás carbônico. Finalmente, em 2001, a Peterlongo é adquirida pela Holding Ouropar.

Com mais de cem anos de tradição, a Peterlongo é até hoje, a única vinícola em território brasileiro autorizada a utilizar o termo "champagne" em seus rótulos, uma vez que já produzia espumantes pelo método tradicional, elaborado e envelhecido por 36 meses em caves subterrâneas, antes mesmo da região francesa do champanhe, conquistar sua AOC, em 1936. Ainda assim, as empresas Champagne Lanson Père et Fils, Champagne G. H. Mumm & Cie. e Champagne Taittinger voltaram a questionar a utilização do termo "champagne", "champanha" ou "champanhe" em vinhos espumantes nacionais, em 1964. A ação foi julgada improcedente pelo Supremo Tribunal Federal (STF), na década de 1970, e as empresas Dreyer, Georges Aubert, Michelon, junto com a Peterlongo permaneceram com o direito de empregar o termo. Luiz Sella, sócio-diretor da vinícola, argumenta:

> Nós optamos por manter o termo em uso. E fizemo-lo porque ele é parte fundamental da composição da marca Peterlongo. No Brasil e no mundo, o nosso champagne é um espumante do Brasil, elaborado pelo método tradicional da melhor qualidade. Porém, ser Peterlongo é ser champagne. Isso faz parte da memória cultural e produtiva da vitivinicultura brasileira.*

Por sua vez, Armando Peterlongo afirmou que:

> Com tempo e perseverança, os que ainda não provaram o nosso produto acabarão por fazê-lo, contribuindo assim para o progresso e para o desenvolvimento, cada vez maior e mais brilhante, do Brasil e da sua indústria (Flores, 2015, p. 7).

Hoje a palavra *champagne* aparece unicamente na linha Premium Elegance. As demais adotaram o termo "espumante".

---

* Disponível em: https://www.vidarural.pt/producao/conheca-a-unica-vinicola-brasileira-que-pode-usar-a-denominacao-champagne/#:~:text=Por%C3%A9m%2C%20ser%20Peterlongo%20C3%A9%20ser,%2C%20s%C3%B3cio-diretor%20da%20vin%C3%ADcola. Acesso em: 29 de jan. de 2025.

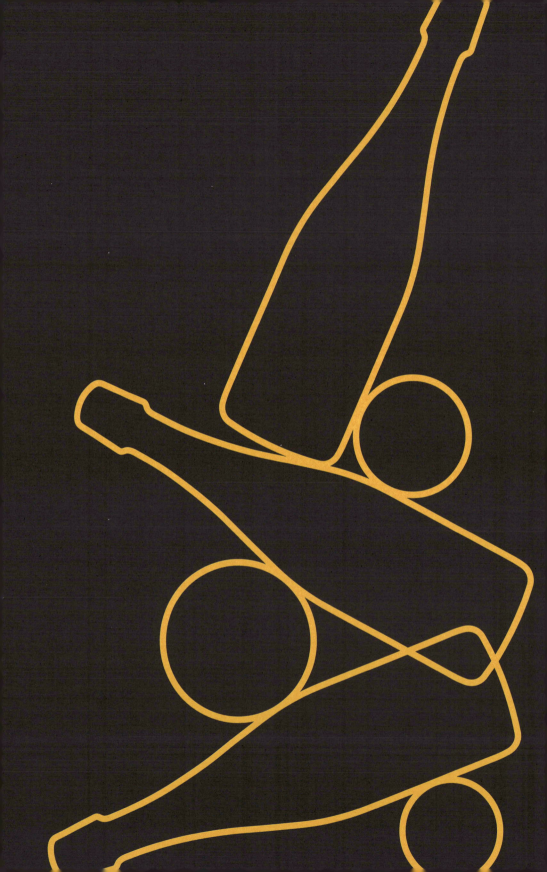

GEORGES AUBERT, O PRIMEIRO FRANCÊS

Mais uma vez entra em cena um marista de Garibaldi. No decorrer da Segunda Guerra Mundial, milhares de vinicultores franceses viram seus vinhedos serem destruídos pelas tropas alemãs. A Georges Aubert, fundada em 1877, pela família Aubert, foi uma delas. Em um encontro com o irmão José Otão, Georges Aubert e Gilbert Trouiller foram convencidos a vir para Garibaldi, com o argumento de que a região tinha grande potencial para a produção de uvas brancas. Lançando mão da indenização do plano Marshall — uma ajuda financeira dos Estados Unidos para reconstruir a Europa —, instalaram-se em Garibaldi e deram início à produção de espumantes pelo método *charmat*, em que a segunda fermentação ocorre em tanques de aço inoxidável, com equipamentos importados da França, em 1951. Nos áureos tempos, a marca, que, além de vinhos e espumantes, produzia uísque, gim, vermute e *brandy*, chegou a dominar 60% do mercado brasileiro da bebida. Entre altos e baixos — a empresa trocou de controladores duas vezes e teve uma concordata —, sua falência foi decretada em setembro de 2012, e toda a linha de espumantes que levava no rótulo o nome de seu fundador foi descontinuada.

Proprietária de uma gama de produtos populares consolidados, como a sidra Cereser e o espumante Chuva de Prata, a CRS Brands adquiriu a Georges Aubert em 2016, com intuito de entrar em um segmento de bebidas mais *premium*. Para tanto, firmaram parcerias com a vinícola São João, para elaboração de espumantes pelo método *charmat*, e a Cave Geisse, para os elaborados no método tradicional, com uvas adquiridas na Serra Gaúcha. Atualmente, são oito variedades de rótulos, incluindo Nature, Moscatel, Brut, Rosé e Prosecco.

MULTINACIONAIS CHEGAM AO BRASIL

A indústria vinícola brasileira, no início da década de 1970, era formada por empresas, a maioria, de pequeno porte e por cooperativas de produtores rurais. Grande parte da produção era de vinhos tintos procedentes de uvas americanas e híbridas, comercializados em garrafões. O aporte de capital e os recursos tecnológicos internacionais aliados ao incentivo aos produtores locais para o cultivo de uvas apropriadas para vinho fino, nessa década, foram decisivos para o incremento da produção e aperfeiçoamento dos vinhos brasileiros.

Na opinião do enólogo e professor argentino Adolfo Lona:

> Eu creio que a vitivinicultura brasileira se divide em antes e depois da chegada das multinacionais. Foi graças a elas — e aí eu me refiro a Almadén, Heublein, Forestier, Chandon, Martini — que se deu entrada de muitas variedades de castas.

Essas empresas se dedicaram a produzir vinhos de Vitis vinifera, comercializados em garrafas, estimulando seu consumo por meio de pesados investimentos em propaganda e marketing, levando a uma grande melhoria na qualidade dos vinhos.

Por ordem de chegada, a primeira multinacional a se instalar no Brasil foi a Heublein, atual UDV, em 1972, por meio da compra da vinícola Dreher, de Bento Gonçalves. No ano seguinte, chegam a francesa Moët & Chandon e a italiana Martini & Rossi (atual Bacardi-Martini). Um ano depois, foi a vez da Maison Forestier, braço vinícola da canadense Seagram, com a linha

Forestier, e da Almadén, braço vinícola da americana National Distillers, que se instalaram em Garibaldi e em Santana do Livramento, respectivamente.

A Martini que já estava no país desde o início da década de 1950, produzindo conhaque e vermute, implantou suas cantinas em Garibaldi, em 1973. Pouco depois, trouxe para o Brasil, o enólogo argentino Adolfo Lona, para elaborar vinhos finos — conquistando a liderança desse mercado com o Château Duvalier e lançando os primeiros vinhos de origem controlada, os tintos Baron de Lantier —, e a linha de espumante De Gréville.

Conta Lona:

> Em 1974, fui contratado pela Martini & Rossi para vir para o Brasil num projeto que era destinado a fazer uma vinícola de espumantes, em Garibaldi. O então presidente da empresa, Francesco Retti, era um visionário, um conhecedor do mercado brasileiro como poucos, que acreditava no crescimento dos espumantes no Brasil. Naquela época, se vendia mais ou menos 3 milhões de litros por ano — hoje são 30 milhões —, divididos entre Peterlongo e Georges Aubert, duas empresas de Garibaldi, que já produzia 97% dos espumantes. Para a Salton e as cooperativas Aurora e Garibaldi, o espumante era um acessório, uma bebida muito sazonal que era vendida a partir de setembro até dezembro. Não se vendia absolutamente nada durante o ano. Porque não se bebia. O brasileiro só bebia espumante nas festas de fim de ano. Se bebia cidra e espumante. Não havia uma valorização nem tão pouco conhecimento, por isso se bebia pouquíssimo.

E continua:

> Ao ingressar na Martini, como diretor técnico, tive a sorte de conviver com Sylvain de Sournac, enólogo francês da vinícola Charles de Cazanove que nos transmitiu todas as técnicas francesas. Fazíamos tudo do mesmo jeito, com prensas hidráulicas manuais, tudo muito lento, tudo muito artesanal, e lançamos, em 1974, o De Gréville Brut. De imediato, a qualidade da bebida, somada a força de distribuição da Martini e aos investimentos em marketing e publicidade, fizeram com que De Gréville ganhasse destaque e mercado dentro do segmento de espumantes premium. Foram vendidas, inicialmente, 15 mil caixas de 12 unidades.

Depois vieram o De Gréville Demi-Sec, Brut Rosé Moscatel Espumante e De Gréville Brut Método Tradicional, sempre com muito sucesso. E Lona complementa: "Juntas De Gréville e Chandon dominavam o mercado de espumantes premium e, Peterlongo e Georges Aubert, o mercado de espumantes standard."

Com a contribuição de técnicos italianos e a aprovação da matriz na cidade italiana de Torino, Lona também comandou a equipe responsável pelo desenvolvimento do primeiro espumante Moscatel, o Asti brasileiro, lançado com êxito em 1978. As vendas foram crescendo anualmente até 1986, quando o Consórcio de Produtores de Asti, na Itália, encaminhou uma queixa formal sobre o desrespeito à DOC que sua principal associada fazia no Brasil, o que ocasionou a suspensão imediata da comercialização do primeiro Asti Martini produzido fora do país de origem.

Em 1991, a Martini & Rossi mudou de mãos, passou a ser a Bacardi-Martini. "Sai a Martini, de origem italiana, fabricante de vermute associada ao vinho e chega a Bacardi, fabricante de rum que não tem nada a ver com vinho", explica Lona. O conflito entre culturas tão distintas foi, então, inevitável. Após trinta anos, resolveu se desligar da empresa. No ano seguinte, a agora Bacardi-Martini Brasil encerrou suas atividades no Brasil. Lona, por sua vez, decidiu criar uma vinícola familiar para fazer seus próprios vinhos, também em Garibaldi. De sua cantina, saem exemplares excepcionais elaborados artesanalmente que estão entre os mais aclamados do mercado, com destaque para o Sur Lie Nature N/V, o Brut Rosé Charmat Chardonnay, o Pinot Noir 2022 e o marcante Orus Pas Dosé Extra Brut Rosé com apenas 608 garrafas/ano.

De acordo com Benildo Perini, fundador da Casa Perini:

> Quando a Martini parou de produzir o Asti no Brasil, começamos a fazer espumante Moscatel, na vinícola De Lantier, que era uma unidade da Martini, em Garibaldi, por sugestão do Adolfo Lona. Estávamos crescendo com os espumantes, quando a Bacardi adquiriu a Martini. Ficamos preocupados, na época. Em abril de 2005, o presidente da Bacardi, José Manuel Barceló, me chamou para conversar, em Porto Alegre, e me ofereceu a De Lantier. Eu, um colono feliz que não devia nada a ninguém, com alguns reais guardados, fiz um negócio de milhões. Ampliei nossa capacidade física total de 7,5 para 16 milhões de litros (Saldanha, 2013, p. 115).

A casa oferece uma ampla linha de espumantes, com destaque para o premiadíssimo Casa Perini Moscatel, elaborado com as uvas moscatéis da indicação de procedência Farroupilha (IPF), reconhecida pela excelência na produção desta variedade no Brasil.

> O primeiro a chegar a essa nova terra (o Brasil) foi Philippe Coulon, enólogo chefe da Chandon Argentina. Sem saber nada sobre o Brasil, mas com espírito pioneiro nas veias, ele decidiu sobrevoar o território nacional em busca de um lugar para abrigar a vinícola. Lá de cima, Coulon ficou surpreso com o que viu [...] (Lima, 2023, p. 9).

Mas:

> [...] seu olhar foi fisgado especialmente pelo sul do país, cuja paisagem montanhosa e muito particular lembrava a Toscana. Mas era uma Toscana à brasileira, com palmeiras, cachoeiras e papagaios. Foi lá que encontrou o lugar perfeito para ser o lar da Chandon no Brasil: Garibaldi (*ibid.*, p. 11).

Associada ao grupo Cinzano — que já comercializava sua linha de vermutes em todo o território nacional e aportou com sua rede de distribuição — e ao grupo Monteiro Aranha — que entrou com o capital e começou a plantar vinhedos próprios com castas viníferas trazidas da França, Itália e de outros países europeus, e com outras já adaptadas à Serra Gaúcha —, a francesa Moët & Chandon, com a denominação Produtora de Vinhos Finos (Provifin), em 1973, deu início, assim, à produção de espumantes e vinhos tranquilos, com a denominação M.Chandon. Os primeiros vinhos foram elaborados na Cooperativa Aurora, em Bento Gonçalves, com uvas compradas de terceiros, uma vez que a empresa ainda não tinha a sede própria em Garibaldi.

Em 1976, chega ao Brasil o enólogo chileno Mario Geisse, a convite de Philippe Coulon, diretor técnico da Chandon na França, para estruturar a operação da empresa no Sul. No ano seguinte, a marca inaugura suas instalações e dá início ao lançamento de seus produtos, a começar pelo Chandon Resérve Brut e, um ano depois, pelo Chandon Demi-Sec. Por essa época, os vinhos tranquilos representavam 70% da produção, e os espumantes, 30%. Geisse, por sua vez, impressionado com as características de solo e clima encontrados na região, que, em sua opinião, faz dela a melhor da América do Sul para produzir espumantes de excelente qualidade, resolveu comprar umas terras em Pinto Bandeira, para cultivar uvas europeias finas, a Pinot Noir e a Chardonnay. A intenção era se tornar o melhor produtor de uvas para a elaboração de espumantes. Tempos depois, ao iniciar alguns testes para averiguar que qualidade de espumante seria possível elaborar com essas uvas, usando o método *champenoise*, ficou extasiado com o resultado e não pensou duas vezes. Desligou-se da empresa e fundou sua própria vinícola, a família Geisse (referência nacional no segmento), em 1979. Cave Geisse Champenoise, Cave Amadeu e Victoria Geisse são as três denominações da vinícola no Brasil.

Mario declarou:

> Me sinto tão orgulhoso de há trinta anos ter acreditado nessa região. Fiz desse lugar meu segundo país, estou contente de ter escolhido aqui para jogar minha energia e meu capital. [...] Sempre pensei que aqui se poderia fazer o melhor espumante da América do Sul.*

Dez anos depois, a Chandon adquiriu a parte societária da Cinzano, o que lhe custou sérios problemas com a distribuição de seus produtos. Em 1989, chegou à empresa o executivo italiano, Davide Marcovitch, com a missão de reestruturar a empresa e comandar a área de marketing e vendas. Logo depois, vindo da Moët & Chandon francesa, o enólogo Philippe Mével passa a cuidar exclusivamente dos vinhos produzidos pela Chandon Brasil. Percebendo o grande potencial da região para a produção de espumantes, de qualidade, Mével convenceu a empresa a deixar de lado a elaboração de vinhos tintos e brancos e focar apenas nos espumantes. Em 1998, a empresa se tornou a primeira propriedade vinícola brasileira dedicada exclusivamente as borbulhas douradas. Ainda sob sua batuta, foram criados os espumantes Chandon Passion e Chandon Excellence Brut. Como afirma Adolfo Lona:

> O grande mérito da Chandon, além de ter contribuído para a imagem dos espumantes brasileiros junto ao mercado consumidor, foi ter substituído o nome champagne por espumante. A denominação espumante oferecia resistência das cantinas porque era associado a sidras e espumantes de menor qualidade. Com a chancela da Chandon o mercado aceitou esta denominação e os produtores o adotaram definitivamente. Brasil começava finalmente a respeitar as denominações de origem que não lhe pertenciam. Foi um grande passo.§

Mével também abriu uma nova frente na Serra dos Encantados, em Encruzilhada do Sul, no Rio Grande do Sul, em 2000, com o projeto de implantação de um vinhedo próprio, onde são cultivadas as castas Pinot Noir — o maior cultivo do país é dessa uva —, Chardonnay, Riesling Itálico e Moscato, o que fez da Chandon a primeira vinícola a produzir uvas nessa região.

---

* Disponível em: https://www.terra.com.br/vida-e-estilo/homem/conheca-mario-geisse-referencia-em-espumantes-nacionais,fd084ee474237310VgnCLD100000bbcceb0aRCRD.html. Acesso em: 29 de jan. de 2025.

§ Retirado de *Breve histórico da evolução dos espumantes no Brasil – (Que eu vivi)*, publicado no blog "Vinho sem frescuras", em: 24 de abril de 2019. Disponível em: https://adolfolona.blogspot.com/search?q=evolu%C3%A7%C3%A3o+dos+espumantes. Acesso em: 01 de abr. de 2025.

Em 2020, a Chandon conquistou a certificação Produção Integrada de Uva para Processamento (PIUP) para seu vinhedo em Encruzilhada do Sul — de onde saiu o primeiro espumante brasileiro com certificado em viticultura sustentável, o Chandon Blanc de Noir e, mais recentemente, o Névoa das Encantadas, com uma tiragem de apenas 2.800 garrafas —, que se estendeu à adega em Garibaldi, em 2022. A referência à névoa diz respeito à turbidez que a bebida apresenta em decorrência da não filtragem das leveduras.

Para comemorar os cinquenta anos de sua atuação no Brasil, em 2023, duas edições especiais com embalagens feitas em colaboração com artistas brasileiros, a Coleção Chandon Excellence Magnum e a Cuvée 50 anos criada pelos enólogos da casa, com um amadurecimento sobre leveduras inédito de cinquenta meses. Foram elaboradas exatas 50 mil garrafas. Líder absoluta no segmento de vinhos espumantes naturais de luxo, hoje a marca faz parte do conglomerado mais valioso da Europa: o LVMH. De acordo com a diretora-geral da Moët Hennessy e Chandon Brasil, Catherine Petit, "a Chandon não está no Brasil, ela é do Brasil" (Lima, 2023, p. 14).

IMPACTO E EXPANSÃO: ANOS 1990

Na década de 1990, a liberação das importações e as reduções das tarifas aduaneiras, entre outras medidas econômicas implementadas pelo Governo, possibilitaram chegar ao Brasil produtos mais sofisticados e a preços mais atraentes, tornando o mercado mais competitivo e o consumidor mais exigente. Esse cenário contribuiu para renovar o pensamento vinícola nacional. Assim, diversos pequenos e médios viticultores deixaram de vender uvas para as grandes vinícolas e partiram para a elaboração de seus próprios vinhos, e a administração familiar deu lugar à administração científica. Ademais, novas tecnologias de vinificação e técnicas de manejo de vinhedos foram aplicadas, bem como investimentos em qualificação de mão de obra e aquisição de equipamentos de última geração foram realizados, vinhedos foram renovados e expandidos, estratégias de mercados foram repensadas, ocasionando a necessidade de se organizar as entidades.

Outro momento importante para o vinho brasileiro ocorreu em setembro de 1995, quando o Brasil ingressou na Office International de la Vigne e du Vin (OIV), organismo que regula as normas internacionais de produção de vinho, fato que resultou na elevação do padrão de nossos vinhos na comunidade internacional. Naquele mesmo ano, a Embrapa Uva e Vinho (unidade descentralizada da Empresa Brasileira de Pesquisa Agropecuária [Embrapa]) deu início ao projeto de desenvolvimento das IGs.

Em 2002, foi criado o Wines of Brazil, um projeto de promoção comercial dos vinhos brasileiros no mercado internacional, que atualmente é mantido pelo Conselho de Planejamento e Gestão da Aplicação de Recursos Financeiros para Desenvolvimento da Vitivinicultura do estado do Rio Grande do Sul (Uvibra/Consevitis-RS), em parceria com a Agência Brasileira de Promoção de Exportações e Investimentos (ApexBrasil). O projeto conta com a participação de dezenas de vinícolas e tem como mercados-alvo: China, Estados Unidos, Reino Unido, Portugal e Alemanha, além de Chile, Colômbia, Paraguai, Peru e Japão.

O projeto setorial integrado Wines from Brazil viabilizou financeiramente a atuação dessas empresas no exterior, promoveu a cooperação entre os vinicultores, e criou a imagem do Brasil, no mercado internacional, como produtor de vinhos de qualidade, sendo considerado uma das melhores regiões do mundo para o cultivo de uvas destinadas à produção de espumantes.

Nessas últimas décadas, presenciamos o grande crescimento de grupos como Valduga, Salton, Miolo, Perini, entre outros, que hoje estão na mão da nova geração das famílias do vinho, dos herdeiros, a quem cabe levar adiante o legado de seus antepassados.

João Valduga, sócio proprietário e enólogo da Casa Valduga, revela:

> No ano de 1875, meus bisavôs, os Valduga, saíram da Itália deportados, sem documentos, *senza bandiera*, porque somos um povo da região do Trento, da cidade de Rovereto, no norte da Itália. Para pagar uma parte das passagens para o Brasil, meu bisavô Marco vendeu o pouco que tinha. A única lembrança que trouxe de lá foi um punhado de terra embrulhado em um papel [...] meu pai, Luiz Valduga, era um homem muito forte, trabalhava de sol a sol e, como era o mais velho dos irmãos, trabalhava dobrado. Não tinha muito foco, fazia tudo empiricamente. A nossa primeira cantina ele fez sozinho, carregando pedra, cavando. Essa durou oito anos para ficar pronta. Minha mãe, Maria, trabalhava bastante também (Saldanha, 2013, pp. 21 e 30).

Foi assim que começou a história de uma das empresas vitivinícolas mais respeitadas, prestigiadas e importantes do Brasil, presente em rótulos da casa, como o espumante Brut 130, lançado em 2005, para celebrar os 130 anos da chegada da família Valduga no Brasil, e o espumante Maria Valduga, sem o tradicional rótulo de papel, mas com o brasão da família e a assinatura de Maria, em ouro 18 quilates, para homenagear a matriarca.

O Grupo Famiglia Valduga, que completa 150 anos em 2025, é formado pelas empresas Casa Valduga, Domno Wines, Ponto Nero, Casa Madeira, Brewine Leopoldina e Vinotage. De acordo com os moldes da região francesa de Champagne, a Casa Valduga apostou no método *champenoise* e hoje tem a maior cave de espumante da América Latina com capacidade para abrigar 6 milhões de garrafas. Desde 2024, a Casa Valduga ocupa a 58ª colocação no *ranking* das cem melhores vinícolas de acordo com o World's Best Vineyards. Trata-se da primeira vinícola brasileira a conquistar esse feito. "Esse mérito dedico a toda nossa equipe, a todas as vinícolas e ao Brasil. Vamos em frente com muito mais empenho", declarou Juarez Valduga, presidente do Grupo Famiglia Valduga.

Por sua vez, a Ponto Nero, fundada em 2008, em Garibaldi, é voltada para a elaboração de espumantes pelo método *charmat*. Com produção anual de 900 mil litros, a marca acumula mais de 465 prêmios nacionais e internacionais — no início de 2024, o recém-lançado Ponto Nero Cult Nature foi eleito o "Melhor Espumante Charmat do Brasil", no *Descorchados*, um guia que avalia vinhos da América do Sul. Já em 2025, sete rótulos brilharam na edição desse guia, ficando entre os melhores nas categorias Brut, Charmat e Moscatel. A marca recebe o selo do Certificado Produto Vegano da Sociedade Vegetariana Brasileira (SVB), e adota práticas de sustentabilidade, como o uso de energia renovável e logística reversa, contribuindo com a sociedade e o meio ambiente. O enólogo e superintendente do grupo, Eduardo Valduga, afirma:

> Hoje, relatando um pouco sobre o futuro do Grupo Famiglia Valduga, posso afirmar que estamos comprometidos em nos especializarmos na força dos *terroirs*, especialmente da nossa região Sul. Temos importantes fortalezas na Famiglia Valduga, que estão relacionadas à base dos nossos espumantes, que vão marcar a história do Brasil. Inclusive, vamos investir bastante a médio prazo na elaboração destes rótulos, sempre atrelando a força produtiva ao perfil dos nossos consumidores: o *charmat*, cada vez mais atrelado a eventos e à dinâmica descomplicada do dia a dia, enquanto o *champenoise* seguirá carregando todas as credenciais que a tradição imprime à complexidade da bebida.

Antonio Domenico Salton saiu da comuna de Cison di Vilmarino, na região do Vêneto, e se instalou na colônia de Dona Isabel, atual município de Bento Gonçalves, em 1878. Anos depois, abriu uma *casa di pasto*, na qual comercializava cereais, queijos e embutidos, e servia o vinho produzido nos fundos da instalação. Após falecer, seus filhos passaram a se dedicar à cultura de uvas e à elaboração de vinhos, espumantes e vermutes, e constituíram formalmente a Salton em 1910, com a denominação "Paulo Salton & Irmãos". Após um século, a empresa foi, então, reconhecida como uma das principais vinícolas brasileiras, líder na comercialização de espumantes nacionais no Brasil, em grande parte graças ao já falecido Ângelo Salton.

Bisneto de Antonio, engenheiro mecânico, entusiasta e defensor incansável dos vinhos e espumantes nacionais, Ângelo assumiu a presidência da empresa, no fim dos anos 1990. Seguindo a tendência de várias vinícolas da época, mudou as diretrizes da vinícola ao apostar no segmento de vinhos e espumantes finos — até então a empresa estava associada a produtos populares, em especial ao conhaque Presidente —, lançados sob as marcas Salton Classic e Salton Volpi. Sem abandonar o mercado que havia conquistado, intensificou os investimentos na qualificação de seus produtos, modernizou processos e aplicou técnicas que passaram a permitir a distinção de seus rótulos.

Desde 1933, a empresa já produzia espumantes — o primeiro rótulo de espumante da Salton foi elaborado pelo método *champenoise*, em que foram fabricados os rótulos Brut e Meio Doce —, mas foi com o lançamento do Prosecco que a empresa começou a crescer substancialmente nesse segmento. Em entrevista ao jornalista Roberto Gerosa, Ângelo contou que, em uma visita ao restaurante Fasano, em 2000, notou que a maioria das mulheres bebia um Prosecco italiano durante a refeição. Imediatamente, ligou para o enólogo da Salton, em Bento Gonçalves, no Rio Grande do Sul: "Aqui, só se bebe isso. Precisamos fazer o nosso."* Para sua surpresa, em suas propriedades havia 77 hectares cultivados com a uva Prosecco — hoje, denominada Glera —, cujos vinhos eram empregados em cortes com outros vinhos brancos. Ele não pestanejou. Mandou transformar tudo em vinho espumante. Em três meses, lançou 6 mil garrafas. Um estrondoso sucesso que perdura até hoje.

Em 2024, a Salton chegou aos 114 anos de fundação, celebrando sua vocação na elaboração de espumantes de altíssima qualidade, muitos premiados, como o Ouro Brut Rosé, o Evidénce Cuvée Brut e o Moscatel. Atualmente é responsável por exportar 800 mil garrafas de espumantes entre 25 países, liderados pelos Estados Unidos, trabalha para manter-se no posto de vinícola com maior volume de espumantes elaborados no país, tanto pelo método *charmat* como pelo *champenoise*, e conta com uma das mais modernas instalações de produção da bebida. Maurício Salton, diretor-presidente e membro da quarta geração da família, destaca:

> A Salton consegue expressar muito bem o que é o espumante do Brasil, com seu frescor e sua tropicalidade. Sabemos que, em quase todos os países, a referência de espumante é sempre dominada por marcas francesas ou espanholas. E o Brasil é um dos poucos mercados onde essas marcas não são líderes, e conseguimos isso mesmo diante dessa concorrência.

---

* Disponível em: https://vinho.ig.com.br/2009/02/10/angelo-salton-1952-2009.html. Acesso em: 29 de jan. de 2025.

Darcy Miolo contava:

> Meu avô Giuseppe Miolo, morava em Piombino Dese, na região do Vêneto. Saiu de lá solteiro e se casou durante a viagem para o Brasil, em 1897. Eu convivi pouco com ele. Lembro mais dos meus tios. Desse casamento nasceram sete filhos. Só eu e dois irmãos ficamos na terra, em Bento Gonçalves (Saldanha, 2013, p. 22).

Darci concluiu:

> O lote 43 da Linha Leopoldina já não me lembro mais quanto custou. Eram réis na época. Tinha 24 hectares. Meu avô comprou com suas poucas economias. Logo começou a cultivar a uva comum, a Isabel, para fazer vinho para nossa família (Saldanha, 2013, p. 35).

Assim foi dado início à tradição vitícola da família Miolo no Brasil.

Só noventa anos mais tarde é que seus descendentes iniciaram a produção de vinho para sobreviver. Hoje, a holding Miolo Wine Group está presente em 30 países, tem mais de mil hectares de vinhedos próprios e quatro unidades de produção — provenientes das vinícolas Miolo, no Vale dos Vinhedos, Seival em Candiota, na Campanha Meridional e Almadén em Santana do Livramento, na Campanha Central, todas no Rio Grande do Sul, e Terranova, no Vale do São Francisco, na Bahia. Juntas, perfazem 10 milhões de litros por ano, envasados em cerca de 120 rótulos. No fim de 2024, o grupo conquistou seu quinto *terroir* ao adquirir a Bodega Renacer, vinícola argentina localizada em Luján de Cuyo, aos pés da Cordilheira dos Andes.

Para o enólogo Adriano Miolo, diretor superintendente da holding, "o espumante brasileiro foi a bebida que abriu as portas do Brasil vitivinícola para o mundo". Ainda segundo ele:

> Os espumantes brasileiros são alegres, descontraídos e frescos, sem deixar de lado a elegância e sofisticação. O *terroir* propicia o cultivo de uvas com excelente equilíbrio entre açúcar e acidez, característica fundamental para a elaboração de excelentes espumantes.

A história da Miolo na elaboração de espumantes começou em 1995, com o lançamento do Miolo Cuvée. Nascido nos vinhedos próprios da empresa, no Vale dos Vinhedos, expressa o *terroir* de uma região com plena vocação para o espumante e tem um significado muito especial para a história da vinícola. Adriano salienta:

> Foi com ele que entramos nesse mercado há 29 anos. Abrimos portas e conquistamos mercados, com presença em 15 países, levando a marca Brasil para todos os continentes. Junte-se a isso, termos a Denominação de Origem Vale dos Vinhedos (DOVV) nos coloca em outro patamar, agregando mais valor à marca Miolo no segmento de espumantes.

No decorrer desses anos, a linha ganhou mais rótulos — Tradition Brut Nature e Brut Rosé —, arrematou mais de sessenta prêmios em concursos internacionais e conquistou Paris. É o espumante brasileiro mais vendido por lá.

Para comemorar o marco de cem mil garrafas de Miolo Cuvée exportadas à Europa, a Miolo resolveu submergir 504 garrafas desse icônico espumante, safra 2014, em uma cave submarina, na ilha francesa de Ouessant, na região de Baie du Stiff, na Bretanha. O lote permaneceu submerso a mais de 60 metros de profundidade, por pouco mais de um ano, entre outubro de 2016 e novembro de 2017. Ao regressarem ao Brasil, as garrafas foram mantidas na cave da vinícola na Serra Gaúcha, até completarem 10 anos de envelhecimento. O Miolo Cuvée – Under The Sea vem em uma embalagem que reproduz a lente de um farol acompanhada de um mapa, que indica o local exato onde permaneceu no mar. O espumante chegou ao mercado em 2024, ao preço de 3,5 mil reais. Outros dois lotes já estão submersos no mesmo local.

Além da marca Miolo, Seival, Terranova e Almadén compõem o portfólio de espumantes do grupo, perfazendo um total de 17 rótulos. Destes, seis espumantes com DO, entre eles o Íride Miolo Sur Lie Nature 10 anos, lançado para comemorar os trinta anos da vinícola, o Millésime Brut e o Cuvée Brut Rosé.

Da produção anual de espumantes e vinhos finos, 30% são de espumantes. Inglaterra, Estados Unidos e Paraguai são os principais mercados fora do Brasil, e o produto da Miolo mais exportado para a África, com forte atuação em Gana. Em julho de 2024, a empresa fechou parceria com o Grupo Wine, uma empresa de e-commerce, e juntos criaram a vinícola Entre Dois Mundos, que produz duas linhas: a Maraví, com três espumantes, Brut, Brut Rosé e Moscatel, feitos na vinícola Terranova, no Vale do São Francisco; e a Kaipú de vinhos finos, elaborados na vinícola Almadén, na Campanha Gaúcha.

"Nossos vinhedos, nossos vinhos e espumantes, e todas as pessoas que fazem parte da Miolo são nosso maior patrimônio. Tudo isso é que forma o nosso *terroir*", destaca Adriano Miolo, bisneto de Giuseppe.

Voltando um pouco na história, em 1929, o movimento cooperativista, com o apoio do governo de Getúlio Vargas, voltou a ganhar fôlego e fez surgir mais de 25 cooperativas de vitivinicultores, algumas ainda atuantes no mercado, e que muito contribuíram para a evolução do espumante no Brasil. Estamos falando da Cooperativa Vinícola Garibaldi e da Cooperativa Vinícola Aurora, ambas fundadas em janeiro e fevereiro de 1931, respectivamente. Valendo-se da experiência da vinícola Georges Aubert em elaborar espumantes pelo método *charmat*, Garibaldi e Aurora lançaram marcas próprias de espumantes na década de 1960: a Precioso e a Conde de Foucauld.

Atualmente, a Garibaldi conta com 450 famílias associadas — eram 73 no início —, que cultivam aproximadamente 1,2 mil hectares de vinhedos em 18 municípios da Serra Gaúcha, na maioria estabelecidos em Farroupilha, Monte Belo do Sul, Garibaldi, Santa Tereza e Coronel Pilar. A cooperativa encerrou o ano de 2023 com 6,5 milhões de garrafas de espumantes comercializadas, o maior volume anual registrado desde a sua fundação. Seu carro-chefe é o premiadíssimo Espumante Garibaldi Moscatel. Em 2019, lançou a linha Astral de espumantes biodinâmicos elaborados pelo método tradicional com uvas Chardonnay e Pinot Noir, com certificação internacional.

A Aurora, por sua vez, conta com 1,1 mil cooperados que cultivam 2,8 mil hectares de vinhedos em 11 municípios da Serra Gaúcha, entre esses: Pinto Bandeira, Bento Gonçalves, Veranópolis, Monte Belo do Sul, Farroupilha e Garibaldi. É a maior cooperativa vitivinícola do Brasil, a mais premiada do país — acumula 868 medalhas. Só o espumante Aurora Moscatel Branco conquistou 115 distinções. Ambas oferecem serviços de elaboração de espumantes a vinícolas pequenas.

Não há como falar sobre espumantes sem citar Alejandro Cardozo. Há mais de vinte anos no Brasil, o enólogo uruguaio é sócio da Empresa Brasileira de Vinificações (EBV), que elabora vinhos diferenciados — principalmente espumantes —, para mais de quarenta vinícolas no Brasil e em outros países como Uruguai, Chile e Peru. Alejandro também produz os seus na Estrelas do Brasil, uma das vinícolas líderes na produção de espumantes, com Irineo Dall'Agnol. Fascinado pelo que faz, Alejandro vem quebrando inúmeros paradigmas: elaborou os primeiros espumantes de única fermentação (processo contínuo de fermentação, ou seja, o mosto se transforma em vinho e, no caminho, o vinho se torna espumante), para produzir Bruts leves, refrescantes e jovens; fez uso de leveduras encapsuladas — alguns consumidores não apreciam a turbidez típica deste estilo, provocada pela presença das leveduras —; utilizou as castas Viognier, Trebbiano e Riesling nos blends; passou a elaborar os Natures com menos tempo de garrafa; desenvolveu um sistema para servir espumantes em torneiras de chope e mais. No portfólio da Estrelas do Brasil, estes são alguns exemplares de prestígio: Nature Negro 2018 Espumante Tinto; Brut Prosecco 2024; e Pedro Antonio I Nature Rosé Pinot Noir 2020 (Magnum).

Esses são alguns dos nomes que continuam a pavimentar a trajetória de evolução do espumante brasileiro com extrema competência e muito sucesso, angariando premiações dentro e fora do nosso país, conquistando novos mercados, elevando nossa ainda jovem vitivinicultura a patamares nunca imaginados, quem dirá alcançados.

COM A PALAVRA, OS ESPECIALISTAS

É incontestes a vocação do Brasil para elaboração de espumantes. Na atualidade, mais de 80% dos espumantes consumidos são nacionais, o que confirma a frase dita por Steven Spurrier (1941-2021), famoso crítico inglês de vinhos, em 2014, em uma degustação em São Paulo sobre espumantes do Hemisfério Sul: "Os brasileiros deveriam ter mais orgulho do espumante produzido no Brasil. Não precisam beber champanhe".* Reconhecidos no mundo inteiro por sua excelência de paladar e pela qualidade de sua elaboração, em degustações às cegas, nossos espumantes têm superado os dos italianos e espanhóis, e até alguns champanhes. Unanimidade entre os especialistas, é o melhor produto da indústria vinícola nacional e o único que faz frente aos importados, além de alçar o país à condição de maior produtor da América Latina. Assim:

> As tendências para 2025 apontam o crescimento no consumo de vinhos brancos e espumantes, impulsionado por mudanças climáticas e culturais. O espumante, antes associado apenas às celebrações, tem potencial para se firmar para o consumo cotidiano.§

Como afirma **Adolfo Lona**:

> O brasileiro confia na qualidade do espumante nacional. Este é um fator de vital importância. Essa qualidade constante que o espumante brasileiro foi ganhando, mantendo e preservando fez com que a bebida ganhasse a confiança do consumidor brasileiro. E qual é a prova disso? No total de

---

* Disponível em: https://www.embrapa.br/busca-de-noticias/-/noticia/68396017/exportacao-de-espumantes-brasileiros-ultrapassa-930-mil-litros-em-2021/. Acesso em 17 de fev. de 2025.

§ Disponível em: https://exame.com/casual/mercado-de-vinho-no-brasil-experimenta-movimento-crescente-algo-que-veio-para-ficar/. Acesso em: 29 de jan. 2025.

vinho que se vende no Brasil, 90% são importados, 10% são nacionais. Quando analisamos essa situação nos espumantes, 80% são nacionais. O brasileiro está destinado a beber espumante porque tem tudo a ver com ele. Creio que não há um povo mais identificado com o espumante do que o brasileiro. Seu espírito jovial e festivo se identifica muito com o espumante, uma bebida associada a alegria e a momentos agradáveis. As mulheres são as grandes responsáveis pelo crescimento e evolução do consumo de espumantes. Consomem frequentemente, em bares, restaurantes e lugares públicos. Parecem ter descoberto que a festa é o espumante. A cultura do consumo do espumante no Brasil caminha lentamente, mas sem volta.

Por sua vez, **Alejandro Cardozo** aponta:

No Brasil, temos dois elementos muito importantes: a altitude climática natural e a expertise para fazer espumantes. Se a isso somarmos a variante de todas as regiões produtoras, é uma combinação de sucesso. O que temos pela frente hoje é inimaginável frente a grandeza e diversidade de nossos *terroirs*. Para 2025, temos um mercado muito amplo para os espumantes, embora a comercialização esteja um pouco mais devagar, mais lenta. Acho que o mercado se posiciona muito bem para os espumantes *charmat*, leves, frescos e frutados, como os Proseccos Rosé, Brut e, claro, o Moscatel. Também há uma tendência para os espumantes Nature, Extra Brut, com menos quantidade de açúcar e menos tempo de autólise. Sem dúvida alguma, os Natures são a grande tendência do mercado. E logo depois, o mercado mais clássico que procura espumantes de altíssima gama elaborados através do método *charmat* longo.

Como acredita o sommelier **Danyel Steinle**:

Podemos dizer que o Brasil encontrou no espumante a maneira de expressar seu *terroir* dentro do mundo dos vinhos. Foi com ele que mostramos o potencial de nossas terras, e é com orgulho que devemos carregar as conquistas alcançadas nos últimos anos, como a primeira Denominação de Origem de Pinto Bandeira.

Por sua vez, para o especialista em vinhos **Didu Russo**:

Os espumantes brasileiros são extraordinários. Seu frescor e jovialidade agradam a qualquer um, mesmo os mais maduros, que eu gosto bastante, fazem bonito. Um dos fatores de sucesso certamente é climático, muito mais que *terroir*, e claro, a contribuição de quatro enólogos estrangeiros: Adolfo Lona (argentino), Mario Geisse (chileno), Philippe Mével (francês) e, mais recentemente, Alejandro Cardozo (uruguaio). A aptidão da nossa vitivinicultura para espumantes é clara e confirmada pela performance desse segmento, que é o que mais cresce — unanimidade entre os críticos estrangeiros, particularmente os europeus, que se encantam com nosso Moscatel, por oferecer menos dulçor e mais álcool que os Asti, que eles adoram. Superadequados ao nosso clima, com preços bons e de ótima qualidade, cabem a qualquer hora, são perfeitos para as comemorações e mesmo as mais simples ocasiões podem se tornar excepcionais com uma taça. Vejo um potencial enorme de crescimento, inclusive de exportação. Os Pét-Nats, muito apreciados entre os mais jovens, elaborados por pequenos e novos produtores, oferecem as mais variadas e inusitadas propostas, e isso é ótimo para o mercado. Vão ajudar a criar o hábito de se ter uma tacinha de espumante sempre à mão.

E para **Marcelo Copello**:

Todos comentam que nossos espumantes são ótimos, mas o que os leva a serem tão bons? Primeiro: temos tradição. O Brasil já faz espumantes há mais de cem anos. Segundo: temos natureza. A Serra Gaúcha tem clima e solo ideais para espumantes, com clima temperado e úmido e solos mais ácidos. Terceiro: temos técnica. Elaboramos com maestria espumantes pelo mesmo processo e com os mesmos tipos de uvas usadas na região de Champagne, na França. Quarto: temos reconhecimento. Nossos vinhos já conquistaram milhares de medalhas em concursos nacionais e internacionais. A Grande Prova Vinhos do Brasil, o maior concurso de vinhos brasileiros, em sua última edição, recebeu mais de quinhentos amostras de espumantes, das quais 150 foram contempladas com medalhas de ouro ou duplo-ouro. Um resultado excepcional. Quinto: temos mercado. O consumidor brasileiro já tem o nosso espumante em sua taça, já reconhece sua qualidade. Em 2023, mesmo com o mercado em queda, com perda de 15% nos vinhos tranquilos, o espumante cresceu cerca de 1%, com 30 milhões de litros comercializados. Um dia, ainda quero ver toda casa brasileira com um espumante brasileiro sempre na geladeira. Quando a visita chegar, vão oferecer: aceita um cafezinho ou uma tacinha de espumante?

E o ano de 2025 promete! Já em março, no Vinalies Internationales, um dos concursos mais prestigiados e respeitados do setor, realizado em Cannes, na França, nossos espumantes conquistaram 16 premiações – 3 Medalhas Grand Ouro e 13 Medalhas de Ouro. Foram 2.683 amostras provenientes de vinícolas de 36 países. Ainda, ao longo do ano, serão colhidos mais de 765 milhões de quilos de uva para produção de vinhos nacionais. O volume colhido deve crescer mais de 40% em comparação ao ano passado. Trocando em miúdos, uma produção recorde que aponta para um ano excepcional para o setor.

MAPA DE NOSSA EFERVESCÊNCIA

Principais regiões produtoras

Serra Gaúcha

Principal região produtora do país e berço do espumante brasileiro, a Serra Gaúcha faz parte da Serra Nordeste do Rio Grande do Sul. Nela está o Vale dos Vinhedos, a primeira DO de vinhos finos e espumantes do Brasil, que abrange áreas dos municípios de Bento Gonçalves, Garibaldi e Monte Belo do Sul, além das cidades de Caxias do Sul e Flores da Cunha. Situada a 29° de latitude sul, em altitudes entre 600 metros e 900 metros, com solos arenoargilosos e ácidos e clima temperado, a maior e mais antiga região vinícola tem o *terroir* ideal para uvas destinadas à produção de espumantes. O excesso de chuvas propicia boas condições para o desenvolvimento das uvas — colhidas verdes, com pouco açúcar e alta acidez —, que darão origem aos espumantes tradicionais elaborados à base de Chardonnay, Pinot Noir e Riesling, e aos espumantes doces produzidos com as variedades de uvas moscatéis, que vêm conquistando, a cada ano, mais reconhecimento.

Mais da metade das vinícolas do Rio Grande do Sul estão concentradas na Serra Gaúcha, nas cidades de Flores da Cunha, Caxias do Sul, Bento Gonçalves, Garibaldi, Farroupilha, Antônio Prado, Nova Pádua e Monte Belo. Entre essas, citam-se: 3 Atelier, Belmonte, Casa Pedrucci, Cristofoli, Dal Pizzol, Maximo Boschi, Tenuta Foppa & Ambrosi e Zanella.

Experimente: 3 Atelier Garoa Extra Brut 2017; Belmonte Differenziato Nature Rosé Gamay 2023; Casa Pedrucci Fatto a Mano Sur Lie Rosé 2023; Cristofoli Rosé de Noir Brut; Dal Pizzol

Brut Tradicional Champenoise; Maximo Boschi Biografia Extra Brut 2015; Tenuta Foppa & Ambrosi Viticcio Brut Bianco; e Zanella Blanc de Blanc Brut.

Serra do Sudeste

A Serra do Sudeste do Rio Grande do Sul, que inclui as localidades de Pinheiro Machado, Encruzilhada do Sul e Candiota, apresenta solo pedregoso, altitudes que variam entre 200 metros e 400 metros, temperaturas médias mais baixas que as da Serra Gaúcha e poucas chuvas. Inicialmente a região só tinha vinhedos, com vinhos elaborados em instalações da Serra Gaúcha. Transformada em região vitivinícola, abriga cantinas como Altos Paraíso Vinhedos, Bodega Czarnobay, Brocardo, De Lucca, Don Basílio, Família Bebber, Hermann, Manus e Terrassul.

Experimente: Altos Paraíso Vinhedos, Cayetana Brut Blanc de Blanc; Bodega Czarnobay, Pedregais Extra Brut; Brocardo Helena Nature Pinot Noir 2023; Neusa De Lucca Peverella Branco Seco Fino; Don Basílio Quinta do Herval Blanc de Blancs Brut 2021; Família Bebber Vero Brut Rosé; Hermann Bossa Moscatel; Manus Liberum Vermentino Extra Brut 2023; e Terrasul Brut Rosé.

Campos de Cima da Serra

A mais nova região vinícola do Rio Grande do Sul fica no extremo norte do estado, na fronteira com Santa Catarina, a 1.000 metros de altitude. É composta pelos municípios de Bom Jesus, Cambará do Sul, Campestre da Serra, Esmeralda, Jaquirana, Monte Alegre dos Campos, Muitos Capões, São Francisco de Paula, São José dos Ausentes e Vacaria.

Invernos longos e muito frios, verões secos com noites amenas, solo calcário e argiloso e ventos constantes caracterizam esse cenário em que os cem hectares de uvas viníferas produzem anualmente cerca de mil toneladas de uvas. Com esse número, são feitos 500 mil litros de vinho, que levam o nome da região, divididos em brancos, rosés, tintos e espumantes. Parte da produção é vinificada na região; e parte, processada na região da Serra Gaúcha.

A descoberta desse novo polo vitivinícola, que já está em busca de sua própria indicação de procedência (IP), deve-se muito ao empresário Raul Anselmo Randon, que teve a ideia de produzir um vinho especial para servir a seus convidados na futura celebração de suas bodas de ouro, em 2006. Sob a supervisão técnica da Miolo, vinhedos foram plantados no município de Muitos Capões, hoje responsáveis pela linha de vinhos RAR Collezione. Também estão presentes na região as vinícolas Aracuri, Família Lemos de Almeida (antiga Fazenda Santa Rita), Sopra e Sozo, todas integrantes da Associação dos Vitivinicultores dos Campos de Cima da Serra (AVICCS).

Experimente: Aracuri Collector Blanc de Noir; Família Lemos de Almeida Villa Açoriana Brut Nature; RAR Avvento Brut; Sopra Branco Santé Brut 2019; e Sozo Imagination Blanc de Noir Nature.

Terroirs muito além das fronteiras gaúchas

Os *terroirs* da colheita de inverno estão transformando o mapa da viticultura no Brasil. Murillo de Albuquerque Regina, engenheiro agrônomo, com PhD em Viticultura e Enologia pela Universidade de Bordeaux, observou, durante estada na França, onde são feitos alguns dos melhores vinhos do mundo, que o clima daquele país era muito parecido com o da região em que se planta café no sul de Minas Gerais, no inverno. São dias ensolarados, noites frescas e solo seco — condição em que se faz vinho bom no Napa Valley, na Borgonha, no Piemonte, em Rioja, em Mendonza e na África do Sul. Assim, pelo ciclo natural das videiras, as uvas amadurecem e são colhidas no verão, ou seja, clima certo, mas época errada. Então, como resolver a questão? "Enganando a videira."

Essa técnica de "enganar a videira" se trata de um novo jeito de fazer vinho, que altera o ciclo natural das videiras por meio de uma dupla poda. Como explicou Murillo em conversa sobre o assunto:

> Faz-se uma primeira poda de formação dos ramos em agosto, seguida da eliminação dos cachos. Esses ramos estarão maduros a partir de janeiro, quando uma nova poda é realizada, seguida de aplicação de cianamida hidrogenada para estimular a brotação. As temperaturas médias ambientais do verão, aliadas à existência de água em abundância no solo, possibilitarão o relançamento de um novo ciclo vegetativo da videira, em que a maturação e a colheita irão coincidir com os meses de maio a julho, época em que as condições são ideais à maturação e à colheita das uvas para elaboração de vinhos de qualidade.

A busca por alternativas agrícolas compatíveis com a exploração cafeeira, em um momento que o mercado de café enfrentava uma crise de preços, e a necessidade de colheita das uvas em melhores condições de maturação levaram a Empresa de Pesquisa Agropecuária de Minas Gerais (Epamig) — junto com a Fazenda da Fé, do médico Marcos Arruda Vieira, e com o Grupo Vitacea Brasil, do qual Murillo é sócio com os franceses Patrick Arsicaud e Thibaud de Salettes — a iniciar os primeiros ensaios para validação da produção de vinhos finos na região cafeeira do sul de Minas Gerais, mais precisamente no município de Três Corações. Os primeiros testes foram efetuados em 2001, com as variedades Chardonnay, Merlot, Cabernet Sauvignon e Syrah, ainda com mudas provenientes da França. A finalidade era verificar a adaptação das uvas à região de cultivo e, principalmente, validar uma técnica que possibilitasse a alteração do ciclo da planta para que a colheita pudesse ser realizada fora do período chuvoso. Das variedades testadas inicialmente, as que se adaptaram melhor foram a Sauvignon Blanc e a Syrah, cuja primeira colheita experimental em regime de dupla poda ocorreu em julho de 2003, dando origem à expressão "vinhos de colheita de inverno", ou simplesmente "vinhos de inverno". Animados com os resultados alcançados, quatro anos depois, fundaram a Vinícola Estrada Real, na qual nasceu o primeiro vinho fino do *terroir* de Três Corações, com safra comercial de apenas 10 mil garrafas: o Primeira Estrada Syrah, safra 2010, que coroou em nosso país um trabalho pioneiro idealizado por Murillo.

Como revela Murillo:

> Já para a produção de espumantes, não há a necessidade da plenitude de maturação das uvas como nos vinhos tintos e não há a necessidade da inversão do ciclo da videira. Eu podo a Chardonnay em julho e em dezembro já faço a colheita.

A linha Carvalho Branco traz dois rótulos produzidos pelo método tradicional: o Extra Brut e o Gran Via 38 Nature, uma edição especial com 38 meses de Sur Lie.

De acordo com Gabriel Machado, agrônomo e consultor do Grupo Vitacea Brasil, atualmente, além de Minas Gerais, essa técnica da dupla poda já é empregada comercialmente em São Paulo, Goiás, no Rio de Janeiro, Espírito Santo, Mato Grosso, Distrito Federal e na Bahia, ultrapassando os 500 hectares de vinhedos implantados. Segundo ele, várias vinícolas já foram instaladas e outras se encontram em fase de construção. Em todas essas regiões, os vinhedos para vinhos de inverno estão localizados em altitudes entre 600 metros e 1.300 metros.

Primeira vinícola de Mato Grosso do Sul, localizada na Estrada-Parque de Piraputanga, a 9 quilômetros de Aquidauana, já produz sua linha de espumantes Malbec Rosé, Chardonnay Brut, Moscatel Branco e Rosé, o Florida dos Ipês, em parceria com vinhedos do Rio Grande do Sul. Com vinhedos em Paranoá, a vinícola brasiliense, Villa Triacca, produz um Brut e um Moscatel.

Na Serra dos Pireneus, em Goiás, no município de Cocalzinho de Goiás, está instalada a Pireneus Vinho e Vinhedos, primeira vinícola do Cerrado brasileiro, iniciativa do médico e sommelier Marcelo de Souza. O vinhedo, de 4 hectares e a 950 metros de altitude, vem conquistando apreciadores com seus rótulos e foi responsável pelo primeiro espumante da região, o Pireneus Terroir Brut. Em Brasília, a Marchese e a Vila Triacca vêm reforçando o potencial do Cerrado.

Na Chapada Diamantina, no município de Morro de Chapéu, o plantio de uvas começou em 2011, fruto da parceria entre produtores, prefeitura, governo estadual e a união das cooperativas da região de Champagne, na França. Para avaliar o desempenho agronômico de videiras destinadas à produção de uvas para a elaboração de vinhos finos, foram plantadas dez variedades: Pinot Noir, Cabernet Sauvignon, Petit Verdot, Tannat, Malbec, Merlot, Syrah, Sauvignon Blanc, Chardonnay e Muscat Petit Grain. A vinícola Vaz, uma das precursoras da região, está produzindo espumantes — Brut, Brut Rosé e Moscatel —, de qualidade com uvas colhidas na região. O projeto foi replicado para a iniciativa privada no município de Mucugê, a cerca de 450 quilômetros da capital baiana, em uma área de 30 mil hectares. Por lá, a vinícola UVVA, na Serra do Sincorá, com 52 hectares de vinhedos, em formato circular, irrigados pela Barragem do Apertado, a uma altitude de 1.150 metros acima do mar, começou a comercializar sua primeira safra em 2019. Comandada por Fabiano Borré, a vinícola lançou dois espumantes no fim de 2023: o Nature e o Extra Brut.

No município de Jaborandi, na Bahia, a Fazenda Santa Luzia, do grupo Trijunção, em parceria com a Embrapa, tem um projeto bem avançado. Testes e análises sensoriais realizados com os espumantes de Pinot Noir, de Chardonnay e Cabernet Sauvignon, em 2022, foram animadores. A expectativa é iniciar a produção em larga escala de vinhos finos e espumantes muito em breve.

No Espírito Santo, na região serrana do estado, em Santa Teresa, estão a Cantina Matiello com seus espumantes Felicità, e a Casa dos Espumantes de Sergio Sperandio, pioneiro no cultivo de uvas na região e responsável pela elaboração do primeiro espumante capixaba pelo método *champenoise*.

Em terras mineiras, a Sacramentos Vinifer, na Serra da Canastra, elabora os espumantes Sabina e Antonella com uvas de vinhedos gaúchos localizados em Nova Prata e Monte Belo do Sul. No sul de Minas, encontram-se várias vinícolas. A Luiz Porto, em Cordislândia. A vinícola Maria, Maria, em Três Pontas, sob a batuta de Eduardo Junqueira Nogueira Junior, quinta geração de uma tradicional família de cafeicultores, que nos contempla com o premiado Sous les Escaliers Nature. A Casa Geraldo, em Andradas, uma das maiores do estado, com 55 anos de história, que, com a chegada da poda invertida, decidiu cultivar vinhedos de variedades *Vitis vinifera*, no lugar de *Vitis lambrusca*, dando início à produção de vinhos finos e espumantes que vêm amealhando reconhecimento desde então, como no caso dos espumantes Nature e Brut Tradicional. Em Piranguçu, a vinícola Ferreira disponibiliza um único exemplar, o prestigiado Les Nuages de Noir; Criada em 2006 por Carlos Mosconi, a Villa Mosconi passou a elaborar vinhos de qualidade em parceria com a Epamig, dez anos depois, entre esses dois espumantes premiados: Brut e Extra Brut. A Epamig, por sua vez, de maneira experimental, vem testando um espumante Rosé que utiliza a uva Bordô, mais conhecida como "Folha de Figo", além de capitanear projetos para estimular a elaboração de vinhos espumantes, na Serra da Mantiqueira.

Cinco viticultores e proprietários das principais vinícolas do Sul de Minas — Estrada Real, Maria Maria, Almas Gerais, Mil Vidas e Barbara Heliodora —, associaram-se e adquiriram 15 hectares de terra e plantaram vinhas de Chardonnay e Pinot Noir, em uma colina a 1.300 metros de altitude para elaborar um espumante pelo método *champenoise*. O "Coroado", como foi batizado inicialmente, deverá chegar ao mercado com a safra de 2025.

No lado paulista da Serra da Mantiqueira, encontram-se mais outras vinícolas. A Casa Verrone, com vinhedos nos municípios de Itobi e de Divinolândia, produz um Brut Branco. A vinícola Villa Santa Maria, com sua linha de vinhos e espumantes Brandina, em São Bento do Sapucaí. A Terra Nossa, uma iniciativa de cinco amigos amantes da bebida, em Espírito Santo do Pinhal, com vinhedos em Santo Antônio do Jardim e seu espumante Nature. A vinícola Terrassos, em Amparo, com os espumantes branco Brut e branco Demi-Sec, e o premiado espumante Mirante do Vale da Fazenda Recreio, em São Sebastião do Grama.

Por sua vez, a vinícola Góes, em São Roque, elabora vinhos de mesa desde 1963 e agora investe na produção de espumantes, com as linhas Vivere e Saint Tropez, produzidas com uvas de vinhedos cultivados na Serra Gaúcha, e vinhos finos.

No Rio de Janeiro, uma parceria entre Claudia Lima, Alejandro Cardozo e a vinícola Piagentini já rendeu três ótimos espumantes: Clima Prosecco, Clima Brut e Clima Brut Rosé.

Ao descer no mapa do Brasil, na região metropolitana de Curitiba se destacam as vinícolas Araucária com a linha Poty Lazzarotto, Família Fardo com a linha Alegria, Legado com destaque para o Flair Brut Millésime, Franco Italiano e seu premiado Cuvée Extra Brut e Cave Colinas de Pedra que adaptou um túnel ferroviário desativado em Piraquara, com extensão de 429 metros, com 5 metros de altura e 3,5 metros de largura, em cave de maturação de espumantes, com capacidade de armazenamento de 50 mil garrafas. Os vinhos-base de seus espumantes da linha Tunnel são elaborados pela Cave Geisse, em Pinto Bandeira, no Rio Grande do Sul, e maturados e finalizados pela Cave Colinas de Pedra. Em Porto Alegre, encontram-se a Ruiz Gastaldo, a primeira vinícola urbana, com a linha Chácara das Pedras; a Pianegonda, com seus espumantes Degolado e Baderna, elaborados pelo método ancestral; assim como a Cave Poseidon com seu Ancestral Riesling Itálico.

No município gaúcho de Encruzilhada do Sul, os empresários Bob Viera da Costa e Bia Pereira produtores da Sabiá Azeites, e o engenheiro agrônomo Emanuel de Costa, resolveram diversificar seu negócio e produzir seu próprio espumante. No início de 2025 apresentaram três versões do Cave Sabiá, feito a partir das uvas Chardonnay e Pinot Noir – Cuvée Beatriz, Grand Cuvée e Blanc de Blanc.

Exemplos como esses comprovam que o mapa vitivinícola brasileiro está se expandindo para muito além das fronteiras gaúchas. E com sucesso. Muito sucesso!

Indicação geográfica (IG): a excelência de nossas borbulhas

A implementação das IGs de vinhos no Brasil (que incluem as IPs e as DOs) está prevista na Lei nº 9.279/1996 (também conhecida como Lei da Propriedade Industrial). O Instituto Nacional da Propriedade Industrial (INPI), vinculado ao Ministério da Economia, é o órgão que reconhece e emite esse registro. Entre os benefícios diretos da IG, estão a agregação de valor e a organização social dos produtores, que passam a agir coletivamente como defensores de tal indicação contra a utilização indevida do nome protegido. No Brasil, são duas as modalidades de IGs: a IP e a DO.

A IP refere-se ao nome do país, da cidade, região ou localidade que se tornou conhecido por extrair, produzir ou fabricar determinado produto ou prestar dado serviço. No caso do vinho, garante que aquele que a carrega no rótulo foi produzido em uma área delimitada e de acordo com uma série de normas técnicas, que vão do cultivo das vinhas até a vinificação e o engarrafamento. A IP também protege a relação entre o produto ou serviço e sua reputação, em razão de sua origem geográfica específica, já que um dos critérios para sua delimitação é precisamente a regionalidade.

A DO, por sua vez, refere-se a nome de país, cidade, região ou localidade que designa produto ou serviço cujas qualidades ou características se devam exclusiva ou essencialmente ao meio geográfico, incluindo fatores naturais (*terroir*) e humanos. Essa denominação traz mais detalhes, como qualidade, estilo e sabor, e se relaciona também com a terra, as pessoas e a história da região. Quando um produto ou serviço faz a transição de IP para DO, as normas e os controles ficam mais específicos — por exemplo, contam não somente o tipo de uvas, mas também as quantidades máximas que podem ser colhidas (quanto menos um vinhedo produzir, melhor será a qualidade da uva), assim como os aspectos do processo de elaboração do vinho. Cada IG está vinculada a uma associação de produtores que atua em sua gestão, incluindo o controle, a proteção e sua promoção. Importante ressaltar que nem todos os vinhos com o selo da IP seguirão para a DO.

Com o foco nas regiões, inicia-se uma nova etapa da vitivinicultura, que se volta, então, para a valorização do *terroir*, da produção local, da origem, da produção, e não mais de um produtor ou de uma empresa apenas. Trata-se, enfim, da valorização de uma região que tem características peculiares, um histórico de desenvolvimento e um conjunto de produtos elaborados segundo padrões e normas próprios que a identificam e a viabilizam para ser obtido o reconhecimento da propriedade industrial. No Rio Grande do Sul, a atuação da Embrapa Uva e Vinho, ainda na década de 1990, foi fundamental para disseminar, estimular e dar suporte técnico e científico aos produtores de vinhos na estruturação, bem como para a conquista do registro de IG.

Em 22 de novembro de 2002, o INPI concedeu a denominação Vale dos Vinhedos como IG para vinhos finos dos tipos tinto, branco e espumante, tornando-se a primeira região vitivinícola do país a conquistar uma IG. Atualmente o Rio Grande do Sul tem como IGs registradas as IPs do Vale dos Vinhedos, Pinto Bandeira, Altos Montes, Monte Belo, Farroupilha, Campanha Gaúcha, além do já citado Vale dos Vinhedos, que desde 2012 foi reconhecido como DO, e, mais recentemente, a DO Pinto Bandeira, exclusiva para espumantes. Por sua vez, Santa Catarina tem dois registros de IGs (Vales da Uva Goethe e Vinhos de Altitude de Santa Catarina); Paraná apenas um registro para os vinhos Bordô e de uvas Martha do município de Biturana; assim como Bahia e Pernambuco com a IP Vale de São Francisco e, mais recentemente, Minas Gerais. Em fevereiro de 2025, foi concedido o registro de IP Sul de Minas — Vinhos de Inverno para os vinhos tranquilos produzidos naquela região.

Os espumantes poderão ser incluídos posteriormente, pelo Conselho Regulador da IP. O Brasil passa a ter agora 13 IGs para vinhos — 11 IPS e 2 DOs. A IP Biturana não será abordada por não produzir espumantes.

Vale dos Vinhedos (2002)

O Vale dos Vinhedos foi a primeira IG reconhecida do Brasil. Em 2002, obteve do INPI o registro de IP e, em 2012, foi reconhecida a DO — a primeira de vinhos do Brasil. A região abriga as principais vinícolas brasileiras, sendo o mais importante parque vitícola e enológico do país. São 72,45 quilômetros quadrados de área situada em três municípios: Bento Gonçalves (60%), Garibaldi (33%) e Monte Belo do Sul (7%), todos na Serra do Nordeste do Rio Grande do Sul.

A DO determina que toda a produção de uvas e o processamento da bebida sejam realizados na região delimitada do Vale dos Vinhedos. Para controlar e fiscalizar os padrões exigidos pela normativa da IP e da DO, a Associação dos Produtores de Vinhos Finos do Vale dos Vinhedos (Aprovale), que é titular do direito de propriedade, conta com um conselho regulador responsável pelo regulamento da IG Vale dos Vinhedos.

Os vinhos classificados com a DO trazem impressos em seus rótulos uma identificação tanto no rótulo quanto no contrarrótulo da garrafa, que é numerada. Esse número funciona como um código para que as entidades envolvidas com o controle da DO possam identificar a origem daquele vinho que está sendo vendido. No caso específico dos espumantes, a produtividade é limitada a 12 toneladas por hectare ou quatro quilos de uva por planta. As variedades autorizadas para cultivo são: Chardonnay, Pinot Noir e Riesling Itálico. Os espumantes são elaborados exclusivamente pelo "método tradicional" (segunda fermentação na garrafa), nas classificações Nature, Extra-Brut ou Brut, e devem passar por nove meses, no mínimo, em contato com as leveduras. Essas são algumas das regras de cultivo e de processamento determinadas pela DO Vale dos Vinhedos. Vinhos finos tranquilos brancos e tintos também são produtos dessa DO.

As vinícolas associadas à Aprovale são as seguintes: Adega Cavalleri, Almaúnica, Angheben, Calza, Capoani, Casa Valduga, Cavas do Vale, Cave de Pedra, Chandon, Cooperativa Vinícola Aurora, Dom Cândido, Dom Eliziario, Don Laurindo, Famiglia Tasca, Larentis, Lidio Carraro, Marco Luigi, Michele Carraro, Milantino, Miolo, Peculiare, Pizzato, Terragnolo, Vallontano, Titton, Torcello, Toscana e Wine Park Gran Legado.

Experimente: Almaúnica Nature Rosé; Dom Cândido Les Fleurs de Dona Lourdes 2018; Don Laurindo Nature Cuvée Prestige;

Larentis Cuvée Speciale Brut Rosé; Lidio Carraro Dádivas Brut Blanc de Blanc; Pizzato Brut Tradicional DOVV 2022; e Vallontano Rosé Brut.

Pinto Bandeira (2010)

A segunda IP emitida para vinhos no Brasil foi a de Pinto Bandeira no Rio Grande do Sul, obtida em julho de 2010 pela Associação dos Produtores de Vinho de Pinto Bandeira (Asprovinho). Situada na região nordeste de Bento Gonçalves, quase toda a área delimitada da IP, de 7.960 hectares, fica no município de Pinto Bandeira — há somente uma parcela, de pouco menos de 7% da área total, no município vizinho de Farroupilha. A indicação de procedência Pinto Bandeira (IPPB) autoriza a produção de espumantes finos exclusivamente pelo "método tradicional" (segunda fermentação na garrafa), a partir das castas Chardonnay, Pinot Noir, Riesling Itálico e Viognier; e de espumantes Moscatel, das castas Malvasia Bianca, Malvasia de Candia, Moscato Bianco, Moscatel de Alexandria, Moscato Giallo e Moscatel Nazareno, além de vinhos tintos, brancos e rosados secos.

Fazem parte da Asprovinho cinco vinícolas e cooperativas de pequeno, médio e grande portes: Aurora, Don Giovanni, Família Geisse (Cave Amadeu), Pompeia, Valmarino e mais três produtores associados: Bigolin, Dalla Costa, Vinhos e Terraças.

Vales da Uva Goethe (2011)

Foi Giuseppe Caruso Mac Donald, advogado e jornalista italiano, quem trouxe as primeiras mudas de uva Goethe para Santa Catarina, mais precisamente para o município de Urussanga, no fim do século XIX. Na ocasião de sua estada em São Paulo, Caruso conheceu Benedito Marengo, imigrante italiano responsável pela introdução de diversas variedades de uva no Brasil, entre essas a Goethe. Ambos foram os precursores da arte no cultivo e na fabricação dos vinhos com a uva na região carbonífera catarinense. Os vinhos da indicação de procedência dos Vales da Uva Goethe (IPVUG) são elaborados com as variedades locais Goethe Clássica e Goethe Primo.

A IPVUG teve como requerente a Associação dos Produtores da Uva e do Vinho Goethe (ProGoethe) que congrega as vinícolas Casa Del Nonno — responsável pela produção do primeiro espumante de uva Goethe no mundo —, De Noni, Quarezemin, Trevisol e Vigna Mazon. O reconhecimento se deu para espumante Brut ou Demi-Sec elaborado pelo método tradicional ou pelo método *charmat*, vinho branco e leve branco (seco, suave ou Demi-Sec), e vinho licoroso. A área geográfica delimitada localiza-se entre as encostas da Serra Geral e o litoral sul catarinense, nas bacias dos rios Urussanga e Tubarão, e compreende os municípios de Urussanga, Pedras Grandes, Morro da Fumaça, Cocal do Sul, Treze de Maio, Orleans, Nova Veneza e Içara, localizados em Santa Catarina. Dentro dessa delimitação, há uma área chamada "Vales da Uva Goethe", com 458,9 quilômetros quadrados, na qual deve ser produzida a uva utilizada na elaboração dos produtos da IP Vales da Uva Goethe.

Experimente: Vigna Mazzon Terrara Goethe Brut.

Altos Montes (2012)

Com 173,84 quilômetros quadrados, localizada nas altitudes mais elevadas da Serra Gaúcha, a indicação de procedência Altos Montes (Ipam) é a segunda maior área já certificada no Brasil. A região abrange os municípios de Flores da Cunha (66,6%) e de Nova Pádua (33,4%), que estão entre os maiores produtores de vinho por volume do Brasil. O nome Altos Montes se justifica pela altitude média dos vinhedos, a 678 metros acima do nível do mar.

A Ipam é autorizada a produzir espumantes brancos e rosados, sendo elaborados com as variedades Chardonnay, Pinot Noir, Riesling Itálico e Trebbiano, e Moscatel oriundas das castas Malvasia, Moscato Bianco, Moscato Bianco-Clone R2, Moscato Giallo e Moscatel de Alexandria, e vinhos finos tintos, brancos e rosados secos. Essa IP tem como titular a Associação de Produtores dos Vinhos dos Altos Montes (Apromontes) que abriga as vinícolas Boscato, Fabian, Fante, Luiz Argenta, Mioranza, Monte Reale, Panizzon, Salvattore, Terrasul, União de Vinhos, Valdemiz, Venturini e Viapiana.

Experimente: Boscato Prosecco Brut; Luiz Argenta Rosé Nature; Mioranza 60 ANOS Champenoise Brut; Panizzon Prosecco Brut; e Viapiana Demi-Sec Champenoise 143 dias.

Monte Belo (2013)

Trata-se de uma área de 56,09 quilômetros quadrados, distribuída 80% no município de Monte Belo do Sul e o restante nos municípios de Bento Gonçalves e de Santa Tereza, que abrange seiscentas propriedades vitícolas e inclui 11 vinícolas, todas de pequeno porte. A região tem a maior produção de uvas finas *per capita* de toda a América Latina, com 16 toneladas ao ano, em média. Monte Belo produz espumantes finos e moscatel, vinhos finos brancos e tintos secos. Os espumantes finos brancos e rosados apresentam uma composição exclusiva da região: mínimo de 40% de Riesling Itálico e de 30% de Pinot Noir (máximo de 30% de Chardonnay e 10% de Prosecco (Glera). O moscatel branco ou rosado, é elaborado com, pelo menos, 70% de uvas do tipo Moscato. As variedades autorizadas para esse produto são: Moscato Branco, Moscato Giallo, Moscato de Alexandria, Moscato de Hamburgo, Malvasia Bianca e Malvasia de Cândia.

As regras da indicação de procedência Monte Belo (IPMB) preveem que os vinhos que levarão seu selo sejam 100% elaborados com as uvas produzidas na área geográfica delimitada. Para irem ao mercado, todos devem ser aprovados em degustação realizada às cegas. A busca pelo reconhecimento da região no INPI foi conduzida pela Associação dos Vitivinicultores de Monte Belo do Sul (Aprobelo), que conta com dez vinícolas associadas, entre essas: Calza, Faé, Reginato e Santa Bárbara.

Experimente: Calza Brut Método Tradicional Rosé; Faé Brut; e Santa Bárbara Nature Rosé.

Farroupilha (2015)

É a maior região demarcada entre as IPs nacionais, com 379,20 quilômetros quadrados de superfície geográfica contínua, 99% localizados no município de Farroupilha, com pequenas áreas em Caxias do Sul, Pinto Bandeira e Bento Gonçalves. O principal diferencial da IPF é seu foco exclusivo nos vinhos finos de uvas moscatéis (que podem ser espumantes, brancos, frisantes, licorosos, mistela e *brandy*).

O trecho delimitado concentra o maior volume de produção de uvas moscatéis do Brasil. Tem destaque a variedade conhecida como Moscato Branco, tradicional da região desde a década de 1930, e não encontrada em outros países. Os vinhos somente podem ser elaborados com as uvas das variedades moscatéis autorizadas e produzidas na área delimitada.

A IP foi concedida à Associação Farroupilhense de Produtores de Vinhos, Espumantes, Sucos e Derivados (Afavin), que abriga vinícolas como Basso, Casa Perini, Cappelletti e Colombo.

Experimente: Basso Monte Paschoal Dedicato Brut Champenoise; Cappelletti Moscatel; Casa Perini Vintage Barriqué Brut 2022; e Colombo Moscatel Antônio Augusto Colombo.

Campanha Gaúcha (2020)

Localizada no extremo sul do Brasil, na fronteira com o Uruguai e a Argentina, a Campanha Gaúcha se estende por uma área de 44.365 quilômetros quadrados, que compreende 14 municípios: Aceguá, Alegrete, Bagé, Barra do Quaraí, Candiota, Dom Pedrito, Hulha Negra, Itaqui, Lavras do Sul, Maçambará, Quaraí, Rosário do Sul, Santana do Livramento e Uruguaiana. A Campanha Gaúcha é dividida entre Campanha Meridional, que começa na cidade de Candiota, e Campanha Oriental, que segue a linha da fronteira com o Uruguai. As vinícolas estão localizadas no chamado "paralelo 31", o mesmo meridiano das melhores vinícolas do mundo, em uma altitude de 100 metros a 300 metros acima do mar. A topografia plana e as estações do ano bem definidas — invernos rigorosos e verões quentes e secos, com boa amplitude térmica — favorecem o cultivo da videira e fazem do local a região brasileira que mais cresce em vinhedos. É a segunda maior área produtora de vinhos finos do país, responsável por 31% da produção nacional, com 1.560 hectares de área plantadas com vinhedos de *Vitis vinifera*.

A IP, solicitada pela Associação Vinhos da Campanha, foi concedida para os vinhos finos tranquilos brancos, rosados e tintos e para os espumantes naturais. Para a elaboração dos vinhos, são autorizadas 36 cultivares de videira produzidas na região, todas de *Vitis vinifera*.

Compõem a Associação Vinhos da Campanha os seguintes produtores: Almadén (Miolo Wine Group), Batalha, Bodega Sossego, Bueno Wines, Campos de Cima, Cerros de Gaya, Cordilheira de Sant'Ana, Dom Pedrito, Dunamis, Estância Paraízo, Guatambu, Nova Aliança — a cooperativa em atividade mais antiga do Brasil —, Peruzzo, Pueblo Pampeiro, Routhier & Darricarrère, Salton, Seival Estate (Miolo Wine Group) e Vinhética.

Experimente: Batalha Brut; Bueno Wines Bueno VIC; Campos de Cima Natural Brut; Cerros de Gaya Brut; Aliança Moscatel Rosé; Routhier & Darricarrère Província São Padero Extra Brut; e Vinhética Terroir d'Effervescence Brut Rosé.

Vinhos de Altitude de Santa Catarina (2021)

O selo do INPI reconhece como de altitude os vinhos de inverno que se beneficiam das baixas temperaturas e da alta amplitude térmica, produzidos nessa área delimitada de cerca de 20% do território catarinense que englobam 29 municípios, como: Água Doce, Bom Jardim da Serra, Bom Retiro, Caçador, Campo Belo do Sul, Fraiburgo, Iomerê, Lages, Rio das Antas, São Joaquim — berço do primeiro e mais raro vinho brasileiro, o Icewine, elaborado com uvas muito maduras congeladas, produzido pela vinícola Pericó, em 2010 —, Treze Tílias, Urubici, Urupema, Vargem Bonita e Videira. Ao todo, são quase 300 hectares de vinhedos plantados a uma altitude que varia entre 900 metros e 1.400 metros, acima do nível do mar, na região vitivinícola mais alta e mais fria do Brasil, produzindo cerca de 1,5 milhão de garrafas de vinhos e espumantes por ano.

Atendendo à solicitação da Associação Catarinense dos Produtores de Vinhos Finos de Altitude (Acavitis), recebem o selo de IP os vinhos finos, vinhos nobres, vinhos licorosos, espumante natural e vinho moscatel, e o *brandy* de Santa Catarina. A vitivinícola catarinense é, em grande parte, resultado da iniciativa de dezenas de empresários e profissionais liberais dos mais diversos setores, que, com recursos próprios, apostaram na produção de vinhos e espumantes em terras altas e frias.

Fazem parte da Acavitis as vinícolas Abreu Garcia, D'Alture, Fattoria Monte Alegre, Hiragami, Kranz, Leone di Venezia, Monte Agudo, Pericó, Pizani, Quinta da Neve, Quinta das Araucárias, Sanjo, Santa Augusta, Santo Onofre, Serra do Sol, Suzin, Taipa Meyer, Terramilia, Thera, Urupema, Villa Francioni, Villaggio Bassetti, Villaggio Conti, Villaggio Grando, Vivalti e Zanella Back.

Experimente: Abreu Garcia Brut Rosé Manuela; Cave Pericó Vinte Vinte Blanc Nature; Quinta da Neve Rosa da Neve Brut Rosé; Santa Augusta Fenice Nature Branco 2018; Suzin Dona Arlene Nature 2016; Thera Anima Brut — Lote I 24; Villa Francioni Sunset Lote I; e Villaggio Grando Le Chausseur.

Vale do São Francisco (2022)

A região, conhecida como "Submédio do Vale São Francisco", está situada nos paralelos 7 e 10 de latitude sul, no Vale do Médio São Francisco, na divisa entre Pernambuco e Bahia, em meio à Caatinga, fora da faixa apropriada para o cultivo de uvas viníferas destinadas à elaboração de vinhos finos. A área dos vinhedos totaliza cerca de 500 hectares. Ainda que chova pouco na região — são 3.100 horas de sol ao ano —, que a temperatura seja elevada, em média 27 °C, e que o solo seja argiloso e de topografia plana, com altitude média de 350 metros, lá se produz vinho de um modo que não se faz em nenhum outro lugar do mundo. O segredo? As águas do Velho Chico. Graças à irrigação com água do rio São Francisco, por meio de um sistema de gotejamento, a viticultura se tornou possível. Hoje, o vale surpreende com a produção dos chamados "vinhos tropicais", em vinícolas instaladas nos municípios pernambucanos de Petrolina, Lagoa Grande e Santa Maria da Boa Vista, além de Casa Nova e Curaçá, na Bahia, no chamado "Submédio São Francisco". Chegam a colher até duas safras e meia por ano, mais que o dobro de uma vinícola no sul gaúcho, que tem uma safra anual. De acordo com o Instituto do Vinho do Vale do São Francisco (Vinhovasf), o vale é a terceira maior região produtora de vinhos finos do Brasil. Sua produção perfaz cerca de 7,5 milhões de litros de vinhos de uvas viníferas e 10 milhões de litros de vinhos de não viníferas. O instituto reúne as vinícolas Adega Bianchetti Tedesco (Bianchetti), Mandacaru (Cereus Jamacaru), Quintas de São Braz (São Braz), Santa Maria/Global Wines (Rio Sol), Terranova (Miolo), Terroir do São Francisco (Garziera), Vale do São Francisco (Botticelli) e Vinum Sancti Benedictus (VSB).

A terceira maior região produtora de vinhos finos do Brasil vem surpreendendo com a produção dos chamados "vinhos tropicais" e consolidando sua vocação para a elaboração do Moscatel de acidez moderada. Ao redesenhar o mapa vinícola do país, deu um importante passo: obteve o reconhecimento de IP do Vale do São Francisco para seus vinhos finos tranquilos e espumantes, em novembro de 2022. Como consequência, está em fase de estruturação para se tornar a primeira IP do mundo para vinhos tropicais, o que comprova a diversidade de *terroirs* nacionais.

Experimente: Botticelli Demi-Sec; Santa Maria Rio Sol Traditivo Brut; e Terroir São Francisco Moscatel Branco.

DO Altos de Pinto Bandeira (2022): a primeira denominação de origem exclusiva para espumantes do Novo Mundo

Como afirma Jorge Tonietto, engenheiro agrônomo e pesquisador da Embrapa Uva e Vinho na área de zoneamento e IGs:

> Desde 2002, dada sua importância, o espumante natural é um tipo de produto que faz parte das IPs de vinhos do Brasil. A primeira delas foi no Vale dos Vinhedos. Depois seguiram-se outras na Serra Gaúcha — Pinto Bandeira, Altos Montes e Monte Belo. Em um passo adiante na especialização dos produtores, a região do Vale dos Vinhedos foi reconhecida, em 2012,

como DO, sendo o espumante natural um dos três tipos de vinhos autorizados, com requisitos e padrões de produção exigentes, vindo a constituir um novo patamar qualitativo vinculado à origem.

Em 2022, a região de Altos de Pinto Bandeira foi reconhecida como DO de espumante natural, sendo a primeira exclusivamente focada nesse produto no Brasil. A qualificação da região passou por diversas etapas de descoberta, desenvolvimento e especialização, que a levaram a um patamar qualitativo distintivo, associado à excelência em diversos fatores de qualidade na produção.

A DO Altos de Pinto Bandeira é um feito único entre os países do Novo Mundo, por meio de um modelo de estruturação equivalente ao das mais renomadas DOs produtoras de espumante natural do mundo, como Champagne da França, Cava da Espanha e Franciacorta da Itália. É o Brasil no topo da pirâmide.

A DO Altos de Pinto Bandeira é a primeira e única região da América a ter uma certificação de DO específica para seus espumantes. A obtenção do título levou cerca de uma década e foi conferida pelo INPI, em 29 de novembro de 2022. A DO abrange 65 quilômetros quadrados de área contínua delimitada distribuída por três diferentes municípios: Pinto Bandeira (76,6%), Farroupilha (19%) e Bento Gonçalves (4,4%). As quatro vinícolas que estão autorizadas a usar o selo DO (a saber, Aurora, Geisse, Don Giovanni e Valmarino) terão que produzir seus espumantes exclusivamente pelo método tradicional, com as uvas das variedades Chardonnay, Pinot Noir e Riesling Itálico, ou pelo método tradicional (ou *champenoise*), com, no mínimo, 12 meses de guarda, podendo ser Nature, Extra-Brut, Brut, Sec ou Demi-Sec. Os primeiros exemplares com o selo da DO Altos de Pinto Bandeira começaram a chegar ao mercado no segundo semestre de 2023. As vinícolas Terraças e Viva La Vida estão em processo de homologação e certificação.

Experimente: Aurora Gioia Sur Lie Nature 2016 D.O.; Cave Geisse Rosé Brut D.O.; Don Giovanni Nature D.O.; e Valmarino Rosé Brut Rosa Maria D.O. 2021.

Espumantes nada convencionais

No Brasil, as práticas sustentáveis têm ganhado força. Uma geração de consumidores conscientes busca produtos saudáveis, de qualidade e que não agridam o meio ambiente. Assim, algumas vinícolas, alinhadas a essa tendência, investem na produção de espumantes orgânicos, biodinâmicos e naturais, e na adoção de práticas sustentáveis. A Guatambu foi a primeira vinícola do país a usar placas fotovoltaicas para energia solar. Desde 2016, tem 100% de sua energia de origem solar. A Miolo, cujo portfólio é 100% vegano, utiliza energia renovável, reduzindo a emissão de gases de efeito estufa e tem as Certificações ISO 9001 (Gestão de Qualidade) e ISO 22000 (Segurança de Alimentos), entre outras ações. Nessa mesma linha, a Ponto Nero (Famiglia Valduga) tem implementado práticas sustentáveis, com destaque para a logística reversa de embalagens, o uso de energia renovável e a certificação de carbono neutro. A Salton tem investido na otimização dos recursos naturais, na preservação da biodiversidade e na implementação de boas práticas de uso da terra, tendo firmado uma parceria com a Universidade de Caxias do Sul para se tornar carbono neutra até 2030. Em Pinto Machado, 100% dos vinhedos Geisse são tratados sem utilização de agrotóxicos. O manejo é feito com a aplicação do sistema *Thermal Pest Control* (TPC). Aos poucos, mais e mais empresas do setor vêm adotando práticas para se tornarem mais sustentáveis para o meio ambiente.

Orgânico

Acir Boroto, vinhateiro de Garibaldi, desde 1986 cultiva vinhedos orgânicos em sua propriedade de 16 hectares. Cabe a ele o mérito de ter produzido o primeiro espumante orgânico certificado do Brasil — seus vinhos ostentam três selos de certificação: Orgânico Brasil; Produto da Agricultura Familiar; e Produto Agroecológico. O espumante orgânico é elaborado de uvas cultivadas de forma orgânica, ou seja, sem uso de defensivos agrícolas e fertilizantes sintetizados no vinhedo. Seu manejo se baseia em produtos naturais e em equilíbrio biológico, para impedir o surgimento de insetos, fungos, ervas daninhas e outras ameaças à vinha. Na adega, também são evitados quaisquer artifícios de vinificação. O uso de fungicidas como calda bordalesa ou sulfato de cobre é autorizado.

 Experimente: Boroto Nature Orgânico (Acir Boroto); e De Lucca Espumante de Uvaia com Peverella (Zulmir e Neusa de Lucca).

Biodinâmico

O espumante biodinâmico é aquele produzido com um passo além do orgânico: acrescenta-se, ao manejo natural da terra, o respeito à vinificação sem aditivos, a energização e a revitalização do vinhedo. O processo segue a biodinâmica, que consiste em um modelo baseado nos princípios do filósofo austríaco Rudolf Steiner, a saber: não se devem alterar os equilíbrios naturais do campo; devem-se observar os ciclos do cosmos e a influência da lua e do sol sobre as plantas; deve-se proteger a biodiversidade, ou seja, a relação entre os reinos mineral, vegetal e animal. Os vinhos verdadeiramente orgânicos e biodinâmicos trazem no rótulo, ou mais comumente no contrarrótulo, selos de certificação (Orgânico Brasil e Demeter para os biodinâmicos), que servem de referência ao consumidor.

Experimente: Garibaldi Astral Biodinâmico Brut; e Vinum Terra Fra Stelle Biodinâmico 2023.

Vegano

O espumante vegano, por sua vez, é elaborado sem qualquer insumo de origem animal. Durante o processo de vinificação, os espumantes passam pela etapa de clarificação. Para tanto, os produtores usam agentes tradicionais de clarificação como a caseína (proteína do leite), a albumina (clara de ovo) ou a gelatina de origem suína ou bovina. Na elaboração dos espumantes veganos, esses agentes são substituídos por outros livres de animais, como a bentonita (um tipo de argila), o carvão ativado ou outros que sejam provenientes de vegetais. Não há até o momento uma legislação específica que obrigue os produtores a informar se seus vinhos são veganos. Alguns fazem constar no rótulo expressões como "não filtrado", "não afinado" ou "autoclarificação natural". A certificação de vinhos veganos é feita pela Sociedade Vegetariana Brasileira (selo Certificado Produto Vegano) ou pela Associação Brasil de Veganismo (selo Certificado Vegano), que usa os critérios da organização britânica The Vegan Society.

Experimente: Rosé Vegano Casa Perini Charmat Brut Rosé; Casa Valduga Naturelle Moscatel Rosé; Miolo Cuvée Tradition Brut; e Salton Ouro Extra Brut.

Natural

O espumante natural, por sua vez, é feito com uvas de cultivo orgânico ou biodinâmico, vinificado com a mínima intervenção possível (sem clarificação, sem filtragem, sem correção de acidez, sem correção de taninos etc.), com leveduras selvagens ou naturais. Não leva conservantes, agrotóxicos, açúcares e outros elementos utilizados pela indústria para equilibrar e padronizar o sabor. A adição de anidrido sulfuroso (SO_2) — polêmica que divide os adeptos de vinhos naturais e seus críticos —, composto formado de oxigênio e enxofre que impede que o vinho vire vinagre, é permitida. Ainda não há uma certificação para vinhos naturais como existe para os vinhos orgânicos e biodinâmicos, nem regulamentação oficial ou normativa.

Como esclarece o especialista Didu Russo:

> Os principais produtores de vinhos naturais são antes de tudo defensores do artesanal e uma espécie de resistência a monocultura e ao modelo industrial de fazer vinho. São sempre pequenos produtores.

E ainda alerta Didu:

> Importante ressaltar que vinho natural é diferente de vinho de fermentação natural. Hoje existem muitos produtores que pela atualidade e modismo do tema, compram uvas de cultivo convencional, vinificam sem intervenção e chamam de vinho natural. Não é. Há até ótimos exemplares, mas não é correto chamar de vinho natural.

Experimente: Domínio Vicari 3 castas Natureba (Lizete Vicari); Era dos Ventos Peverella (Luís Henrique Zanini e Álvaro Escher); e Vinha Unna Censura Rosé (Marina Santos).

Laranja

Clarinhos, alaranjados, dourados, acobreados, rosados, âmbar. Seja lá com que cor, os espumantes laranja, ou âmbar para alguns, foram resgatados em meados da década de 1990, pelo vitivinicultor Josco Gravner da região italiana de Friuli-Venezia Giulia, e conquistaram apreciadores mundo afora e, no Brasil, não foi diferente. Bons vinhateiros vêm criando ótimos exemplares nacionais. Na elaboração dos laranjas, o mosto (suco) das uvas é mantido por um tempo prolongado em contato com as cascas, e, desse contato, extrai-se cor que pode variar de âmbar (laranja) aos tons acobreados, aromas, sabores e taninos. Trocando em miúdos, é um vinho branco feito como tinto, só que com uvas brancas — daí sua cor alaranjada. Essa técnica de vinificação ancestral que remonta a mais de 5 mil anos era e continua sendo prática comum na República da Geórgia. As uvas são colocadas em ânforas de argila fechadas e lacradas com cera de abelha e enterradas para fermentar naturalmente.

Espumantes laranja não são necessariamente elaborados de maneira orgânica, biodinâmica ou de mínima intervenção. Também podem ser elaborados de maneira convencional.

Experimente: Atelier Tormenta Âmbar 2015 (Marco Danielle); Cantina Mincarone Chenin Blanc 2022 (Caio e Ana Maria Mincarone); Família Geisse Cave Amadeu Laranja Nature; e Leone di Venezia Oro Vecchio.

Pét-Nat

Borbulhantes, leves, jovens e refrescantes, os Pét-Nats — abreviação da expressão francesa *pétillant naturel*, em português "espumante natural" — vêm surfando na onda dos espumantes naturais. Passam por uma única fermentação, que tem início antes do envase, mas é finalizada dentro da garrafa. As bolhas são mais finas, e a pressão, em geral, é baixa. Costumam ser comercializados com as borras, o que lhe conferem um aspecto turvo, e lacrados com uma simples tampinha de cerveja. Os rótulos são criativos; vários são desenhados à mão. Esse método artesanal conhecido como ancestral ou rural já era prática comum entre os monges beneditinos, na região francesa de Limoux, no século XVI. Há registros de que o irmão marista Pacômio elaborava vinhos naturais, em Garibaldi, por volta de 1904. A expressão, por sua vez, foi cunhada no Vale de Loire, por produtores franceses três séculos depois, embora atualmente o termo usado na França seja *pétillant originel*, uma vez que o emprego de *naturel* em rótulos não é permitido pela legislação vigente. As uvas empregadas em sua elaboração são as mais variadas. Desde as "clássicas" (Sauvignon Blanc, Merlot, Chardonnay etc.) às castas pouco comuns, como Chenin Blanc, Gamay, Peverella, e as mais rústicas, como Isabel, Niágara e Lorena. Então, não espere regularidade. Embora, em um primeiro momento pareça simples, esse método exige muito do enólogo. A hora de engarrafar é crucial, pois tem forte potencial para virar um caos: se o vinho é envazado antes da hora, a garrafa pode explodir, dada a pressão exercida pelo gás carbônico; se depois, adeus bolhinhas, fica chocho em decorrência da baixa concentração de açúcar. Se guardado por muito tempo, oxida. O Brasil vem produzindo excelentes exemplares que trazem a assinatura de profissionais de muito talento e seriedade.

Experimente: Arte da Vinha Pét-Nat 4 Elements Air Malvasia de Candia e Chardonnay 2022 (Eduardo Zenker); Casa Viccas Pét-Nat Glera (Sara Valar e Vivian Vitorelli); Faccin

Patinete Branco Natural (Antonio Faccin e Bruno Faccin); Penzo Suelly Nervosa Pét-Nat Nature Branco (Flavio Penzo); Sacramentos Vinifer Il Dolce Far Niente Nature 2023 (Jorge Donadelli); Vinhas do Tempo Petulante Natural Rosé (Daniel Lopes, o primeiro vinhateiro a produzir esse tipo de espumante no Brasil); Amor Imperfeito Gamay 2023 (Vanessa Medim); e Vivente Pét-Nat Mel de Cacau & Pinot Noir 2022 (Michael Eckert).

Na hora de fazer sua escolha, lembre-se de que:

- Nem todo espumante orgânico ou biodinâmico é natural, embora todo espumante natural seja produzido de uvas cultivadas de forma orgânica ou biodinâmica;
- Todo espumante biodinâmico é orgânico, mas nem todo espumante orgânico é obrigatoriamente biodinâmico;
- O fato de ser um espumante orgânico, biodinâmico ou natural não significa que seja vegano também, tampouco sustentável;
- Por último, mas não menos importante, sempre que possível, deve-se procurar conhecer o produtor.

Pôr gelo dentro da taça, para alguns, é impensável. Para outros, tudo bem. Como afirma Davide Marcovith, presidente do grupo LVMH para América Latina, Caribe e África:

> Há pessoas que dizem que não se coloca gelo em espumante, mas num país quente como o nosso, a bebida se torna muito mais agradável assim. Aprendi com o Conde Frederick Chandon, da oitava geração da família Chandon. Quando ele vinha para o Brasil, nos anos 1980 e 1990, só tomávamos champanhe com gelo na piscina de sua cobertura, no Leblon.*

Os espumantes *ice* são especialmente pensados para se tomar com gelo. Despretensiosos, levinhos, são mais doces e encorpados, extremamente aromáticos, têm boa acidez e rendem excelentes drinques. Algumas sugestões: Anima Ice Thera; Casa Perini Demi-Sec Ice; Chandon Passion Rosé (On Ice); e Ponto Nero Ice Espumante Demi-Sec.

---

* Disponível em: https://revistaazul.voeazul.com.br/executiva/davide-marcovitch-presidente-global-da-chandon. Acesso em: 29 de jan. de 2025.

Kosher Mevushal

Os espumantes Kosher Mevushal, feitos segundo os preceitos das leis judaicas, que passam por um processo de pasteurização, já têm dois representantes brasileiros: o pioneiro Casa Valduga Kosher Mevushal Brut; e o Lidio Carraro Mahut Kosher Mevushal Rosé.

Uma questão de estilo e categoria

Sur Lie

O primeiro espumante Sur Lie brasileiro foi o Lírica Crua, elaborado pela vinícola Hermann, em Pinheiro Machado, na Serra do Sudeste do Rio Grande do Sul. A expressão vem do francês e em português significa "sobre as borras" ou "sobre as lias". Trata-se de uma técnica de amadurecimento muito utilizada em espumantes e vinhos brancos, e que, também, pode ser explorada nos tintos. Consiste em deixar o vinho em contato com as borras, ou seja, após a segunda fermentação, não é realizada a remoção das leveduras, o processo de *dégorgement*. As borras permanecem dentro da garrafa lacrada com tampa corona (a mesma das garrafas de cerveja), e por isso a aparência é de turbidez. Isso faz com que a bebida permaneça em constante evolução, até a abertura da garrafa, quando o espumante alcança sua plenitude. O Sur Lie não recebe adição de açúcar (licor de expedição) em sua elaboração, daí ser classificado como um espumante Nature. São muitas as opções: Adolfo Luna Sur Lie Nature; Casa Valduga Sur Lie Branco; Cave Amadeu Rústico Nature; Otto Nature Sur Lie Blanc de Blanc; Monte Agudo Alida Nature Sur Lie; e Pizzato Vertigo Nature.

Blanc de Blancs e Blanc de Noirs

Como citado anteriormente o espumante, quando elaborado apenas com a uva branca Chardonnay, recebe a denominação Blanc de Blancs, que em português significa "um branco feito de uvas brancas". Costumam ser leves, frescos e cítricos. Pode ser não safrado ou safrado. Esse estilo é originário da Côte de Blanc, em Champagne. Quando elaborado exclusivamente com uvas tintas, Pinot Noir e Meunier (pode ser apenas com uma ou com a mistura das duas), sem contato com as cascas, que dão cor ao vinho, é denominado Blanc de Noirs — em português, "branco de tintas", uma vez que sua coloração é branca. São mais encorpados e estruturados. Exemplares maravilhosos: Aurora Procedências Blanc de Blanc Brut; Thera Auguri Champenoise Blanc de Blancs Extra Brut 23; Casa Valduga 130 Brut Blanc de Noir; e Cave Geisse Blanc de Noir Brut.

Rosé

Por sua vez, o espumante Rosé pode ser elaborado de duas maneiras. A primeira e mais comum é denominada "adição" ou "mistura", que consiste na introdução de um pequeno percentual de vinho tinto ao vinho branco base, antes da segunda fermentação em garrafa. A segunda é chamada de "sangria", que se resume em deixar as cascas tintas fermentando com o mosto até alcançar a cor considerada ideal. Depois dessa etapa, as cascas são separadas e o processo segue normalmente. Confira: Adolfo Lona Mulier Nature Rosé; Cristofoli Rosé de Noir Brut; e Lidio Carraro Faces do Brasil Brut Rosé.

N/V

Como visto, N/V (de Non Vintage) indica que o espumante foi elaborado com uvas colhidas em diferentes safras. Alguns exemplos são o Ponto Nero Live Celebration Glera N/V; e o Vita Eterna Nature Chardonnay Pinot Noir 2020 N/V.

Millésime ou Vintage

A denominação Millésime ou Vintage diz respeito ao espumante fruto de uma única e excepcional colheita. Alguns exemplos são: Casa Pedrucci Brut Millésime 2021 e Jolimont Moscatel Millésime.

Cuvée Prestige

O Cuvée Prestige pode ou não ser um espumante elaborado com uvas da mesma safra. Por exemplo, o Bueno Cuvée Prestige Brut e o Chandon Excellence Cuvée Prestige Brut.

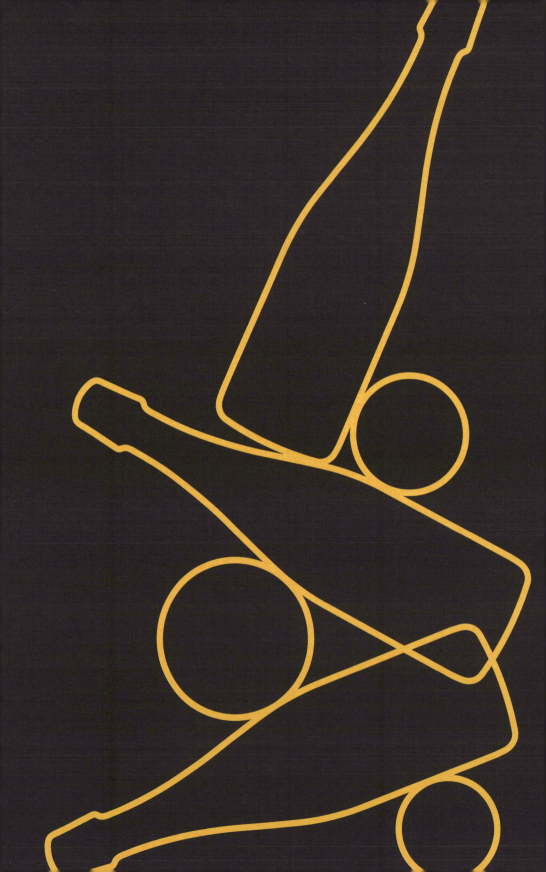

LINGUAGEM DO ESPUMANTE

Para entender os métodos de elaboração

Método *champenoise*

Tido como tradicional ou clássico, consiste em provocar a segunda fermentação dentro da própria garrafa, que é feita adicionando açúcar e leveduras ao vinho branco tranquilo, vinificado tradicionalmente. Essa fermentação libera o gás carbônico que resulta nas borbulhas. A nomenclatura *champenoise* só pode ser utilizada para se referir à produção dos espumantes da região de Champagne. Quaisquer outros, mesmo que tenham sido elaborados pelo método *champenoise*, são chamados de *vins mousseux*. A elaboração de espumantes por esse método é mais lenta, mais complexa e mais onerosa. Após a segunda fermentação, que leva de dois a três meses para ser concluída, as garrafas permanecem nas adegas por, no mínimo, um ano para os vinhos não safrados e por três anos para os *millésimés*, para que a autólise se realize. Findo esse processo, que, dependendo do objetivo de cada produtor, em alguns casos pode durar décadas, é realizada a *remuage*, para que as impurezas se acumulem no gargalo. Em seguida, faz-se o *dégorgement*. Feito isso, o vinho é completado com o *liqueur d' expédition*, etapa chamada de "dosagem", que determina seu grau de doçura, arrolhado e rotulado. Espumantes elaborados por esse método são mais estruturados e complexos, além de terem textura mais cremosa e borbulhas minúsculas.

Método *charmat*

Foi criado pelo italiano Federico Martinotti em 1895, e patenteado pelo engenheiro francês Eugene Charmat, em 1907. Consiste em provocar a segunda fermentação do vinho em grandes tanques de inox, hermeticamente fechados, chamados de "autoclaves" ou *cuves*, projetados para suportar pressões de até sete atmosferas — somente para ilustrar, a pressão atmosférica ao nível do mar é de uma atmosfera (1 atm) —, que impedem o gás carbônico de sair, formando as borbulhas. Essa etapa dura de trinta a sessenta dias. Ao término dessa fase, o vinho é resfriado, filtrado, adoçado com o *liqueur d' expédition* e depois engarrafado. É também designado como *cuve close*, em francês; *tank* ou *bulk method*, em inglês; *granvas*, em espanhol; e autoclave, em italiano. A maioria dos espumantes brasileiros é elaborada pelo *charmat*, que é mais simples, mais rápido, tem um custo de produção menor, o que torna a bebida mais rentável e mais "barata". Os espumantes resultantes desse método são leves, frescos, com toques florais e frutados, não demandam muito tempo de envelhecimento e suas bolinhas de gás carbônico são um pouco maiores que as dos espumantes elaborados pelo método *champenoise*.

No Brasil, elaboramos excelentes espumantes pelos dois métodos. Quando adotado o *champenoise*, podem vir identificados no rótulo como "método clássico", "método tradicional" ou "fermentação na garrafa".

Método Asti

Técnica empregada para a elaboração do Moscatel, com uvas da família Moscato, brancas em sua maioria, que consiste em uma única fermentação alcoólica em tanques selados, conhecidos como "autoclaves". Quando a bebida alcança entre 6% e 10% de teor alcoólico, a fermentação é interrompida e as leveduras retiradas por centrifugação e filtragem, o que resulta em um vinho suave e mais doce. Os espumantes de Moscatel, em sua grande parte, são brancos, embora haja alguns exemplares de espumantes Rosé. O método surgiu na comuna italiana de Asti, na região italiana de Piemonte, no século XVI. A história que se conta é a de que um ourives — vejam só —, chamado Giovan Battista Croce, foi o pioneiro na produção de espumante de Moscatel, que ficaram conhecidos como Moscati d'Asti.

Método ancestral ou rural

É empregado na elaboração dos espumantes naturais, os Pét-Nats, por meio de engarrafamento antes do fim da fermentação alcoólica.

Tipos de espumantes quanto ao teor de açúcar

De acordo com a legislação brasileira, as nomenclaturas para os diferentes níveis de açúcar dos espumantes são:

- **Nature:** inferior a 3 g/L,* podendo ter zero residual de açúcar (sem adição de licor de expedição).
- **Extra Brut:** de 3,1 a 8 g/L.
- **Brut:** de 8,1 a 15 g/L.
- **Sec:** de 15,1 a 20 g/L.
- **Demi-Sec:** de 20,1 a 60 g/L.
- **Moscatel:** superior a 60,1 g/L.

*g/L = gramas de açúcar por litro.

Variedades viníferas

Conheça algumas castas usadas na elaboração de nossos espumantes e outras em estudo, que representam os variados *terroirs* do Brasil, e alguns exemplares produzidos por nossas vinícolas.

Brancas

Aligoté*

Gera vinhos de grande acidez, mineralidade expressiva e baixo teor de açúcar, entra na produção dos espumantes *crémant* de Bourgogne, região de sua origem.

---

* Como essa uva está em fase de testes pela Epamig, não há sugestão de exemplar a ser experimentado.

Alvarinho

Cultivada no noroeste de Portugal, faz parte da elaboração dos famosos e renomados vinhos verdes, de baixo teor alcoólico e muito frescor, sendo que alguns são levemente frisantes. Essa uva também produz vinhos brancos leves, delicados, aromáticos, com toques cítricos e acidez marcante. No Brasil, é cultivada na Campanha Gaúcha, em Pinheiro Machado, em Monte Belo do Sul, nos Campos de Cima da Serra e, mais recentemente, em Santa Teresa, no Espírito Santo.

Experimente: Alvarinho Nature Seis Mãos 2023.

Chardonnay

Variedade francesa, da região da Borgonha e de Champagne de fácil adaptação, é resistente e produtiva na maioria dos climas e solos. Considerada a rainha das brancas, quando o vinho não passa em madeira, tem aromas de maçã, melão, abacaxi e pêssego. Também podem aparecer aromas amanteigados, quando é barricado. Em climas frios, a Chardonnay gera vinhos mais cítricos. Em climas quentes, o produto tende a ser bem encorpado, com grau alcoólico elevado e baixa acidez. Está se adaptando muito bem em Campos de Cima da Serra e na DO Vale dos Vinhedos é a principal casta branca.

Experimente: Audace Campagno Blanc de Blancs Brut 2021.

Chenin Blanc

Principal uva do Vale do Loire, versátil, dá origem desde brancos secos, que envelhecem bem, a vinhos de sobremesa e espumantes do estilo da região de Champagne. Seus vinhos têm acidez marcante, bastante frescor e aromas de frutas cítricas e tropicais, como o maracujá. Está presente no Vale do São Francisco.

Experimente: Sacramentos Il Dolce Far Niente 2023.

Gewürztraminer

Variedade de bagos rosados, encontrou seu melhor solo na região francesa da Alsácia, mas também vive bem na Alemanha e em outras regiões de clima frio da Europa e do mundo. Produz vinhos com aroma de flores (rosa e jasmim), lichia e especiarias, como denuncia o próprio nome (o termo alemão *Würze* significa "especiaria"), e com baixa acidez. Vemos seu cultivo na Campanha Gaúcha e em Santa Catarina.

 Guatambu Brut Rosé.

Glera

Para proteger a DO Prosecco, desde agosto de 2009, a uva italiana de mesmo nome passou a ser denominada *Glera*. Seus espumantes costumam ser leves e florais. Há excelentes exemplares em diversas regiões frias do Rio Grande do Sul e de Santa Catarina, na Serra da Mantiqueira (São Paulo e Minas Gerais) e no Vale do São Francisco (Bahia e Pernambuco).

 Domenico Salton Giornata.

Goethe

Cepa híbrida obtida do cruzamento entre a variedade vinífera europeia Moscato Hamburgo e a norte-americana Carter. As primeiras parreiras foram plantadas no fim do século XX, no município catarinense de Urussanga. Marca sua presença em Santa Catarina, na IP Vales da Uva Goethe, e em Bento Gonçalves, nos vinhedos da Vinícola Salvati & Sirena.

 Casa Del Nonno Goethe Brut.

Grechetto

Com plantações em Santa Catarina, originária da Grécia, cultivada nas regiões da Umbria, Toscana e de Lazio, rende vinhos equilibrados e com elevada mineralidade.

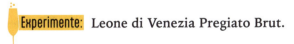 Leone di Venezia Pregiato Brut.

Macabeo*

Originária, acredita-se, da Catalunha, na Espanha, onde é também conhecida como Viura. Elabora vinhos levemente adstringentes, com notas frutadas e aroma de flores brancas. É utilizada na produção de espumantes Cava.

Malvasia

Originária do Mediterrâneo, a Malvasia é uma grande família de uvas que abriga uma variedade de castas, na qual estão a Malvasia Bianca, a Malvasia de Candia e a Malvasia Nera. Todas as castas, embora com diferentes graus de intensidade, são caracterizadas pelo elevado teor de açúcar e pelo aroma de suas uvas, que lembram o da Moscatel. A uva Malvasia é empregada na produção de vinhos doces e espumantes. É muito cultivada na região da Serra Gaúcha e da Serra do Sudeste.

Experimente: Aliança Wave Brut.

Moscato, Moscatel ou Muscat

Trata-se de uma das castas mais antigas conhecidas. São cerca de 150 variedades de Moscatel, que variam entre uvas brancas e tintas, viníferas e híbridas (combinações genéticas de uvas de mesa e de uvas finas). Algumas variedades da Moscato estão bem adaptadas ao solo brasileiro, como a Moscato Bianco, típica do *terroir* de Farroupilha, a Moscato Giallo e a Moscatel de Alexandria. A uva é colhida cedo, com baixo teor de açúcar e acidez elevada. Está presente na Serra Gaúcha com seus varietais e no Vale de São Francisco com seus vinhos de colheita tardia, além dos varietais.

Experimente: Monte Paschoal Moscatel Rosé N/V.

Peverella

Uva proveniente do norte da Itália, chegou ao Brasil com os imigrantes, no fim do século XIX. Seu sabor levemente picante na ponta da língua confere

---

* Como essa uva está em fase de testes pela Epamig, não há sugestão de exemplar a ser experimentado.

a denominação à variedade. O nome vem de *pevero*, que no dialeto vêneto significa "pimenta". Na década de 1940, tornou-se a variedade branca mais plantada na Serra Gaúcha. Trinta anos depois, chegou quase à extinção. Atualmente restam poucos vinhedos, concentrados na região nordeste de Bento Gonçalves. A variedade tem sido muito empregada na elaboração dos vinhos laranja.

Experimente: Salvati & Sirena Memorável Peverella Brut.

Pinot Gris (França), Pinot Grigio (Itália)

Oriunda de mutação da Pinot Noir, essa variedade de uva produz brancos leves e refrescantes, de acidez média, e com aromas que variam conforme a região produtora. A casta é cultivada na Campanha Gaúcha e nos Campos de Cima da Serra.

Experimente: Seival by Miolo Brut Rosé.

Ribolla Gialla

Nativa da Grécia, provavelmente, muito cultivada na região italiana do Friuli, aonde chegou após passar pela Eslovênia. Seus vinhos apresentam acidez acentuada, com notas cítricas e florais. Está presente em Santa Catarina.

Experimente: Villaggio Conti Penultimo Branco Extra Brut.

Riesling Itálico

Muito cultivada no Leste Europeu, no norte da Itália e no sul do Brasil, onde foi introduzida em 1900, essa cepa não tem qualquer ligação com a verdadeira Riesling. Uva de fácil adaptação, com excelente acidez, mas pouco aroma (não vai além dos cítricos) e estrutura. No Brasil, costuma ser muito usada nos cortes para a produção de espumantes. Presente na Serra Gaúcha e na Campanha Gaúcha.

Experimente: Estrelas do Brasil Brut Riesling Itálico — ISV1 2024.

Sauvignon Blanc

A Campanha Gaúcha e os Campos de Cima da Serra, na região de Vacaria, e a região de altitude do estado de Santa Catarina vêm se destacando na produção dessa uva. Originária de Bordeaux, seus vinhos costumam ter acidez equilibrada e intensidade aromática elevada com notas frutadas e vegetais bem presentes.

Experimente: Casa Geraldo Colheita de Inverno Sauvignon Blanc Brut.

Sémillon

Trata-se de outra uva de Bordeaux, cultivada em várias partes do mundo, que dá origem ao Sauternes, o vinho doce "dos deuses", como se diz na França. Quando jovens, os vinhos produzidos com essa cepa são leves e cítricos, no entanto, quando amadurecidos em barris de carvalho, tornam-se complexos, untuosos e bem aromáticos. No Brasil, são raros os vinhedos da Sémillon, mas há alguns na Serra Gaúcha e na Serra Catarinense.

Experimente: Peterlongo Verse Brut.

Torrontés

Resultante de um cruzamento entre a Muscat de Alexandria e a País, uma uva chilena, é a variedade branca mais cultivada da Argentina. Tem boa acidez e sabor e aroma de Moscatel.

Experimente: Valparaíso Maturo Torrontés Moscatel.

Trebbiano Toscano

Uva muito cultivada na Itália, principalmente na Toscana, é resistente a doenças e apresenta alto rendimento. É uma das variedades brancas mais cultivadas no mundo. Produz vinhos leves e refrescantes, com bom índice de acidez e baixo teor de açúcar. Em solo francês, recebeu o nome *Ugni Blanc*. No Brasil, tem proporcionado a produção de bons vinhos na Serra Gaúcha.

Experimente: Era dos Ventos Minuano Trebbiano.

Vermentino

Uva mais cultivada na Itália, nas regiões vinícolas da Ligúria, Toscana e Sardenha, no sul da França (onde é chamada de Rolle), e na Córsega. Está presente na Serra Catarinense e no município gaúcho de Viamão. Seus vinhos são frescos, com aromas frutados, notas minerais e boa acidez.

Experimente: Abreu Garcia GEO Brut.

Viognier

Uva que produz vinhos brancos secos, de médio corpo, com aromas florais e acidez moderada, feitos para serem consumidos jovens. Cepa de difícil cultivo, rendimentos baixos e colheita tardia, a Viognier quase desapareceu por desinteresse de seus produtores. É possível observar a produção dessa uva na região da Serra Gaúcha, na Campanha Gaúcha e em Campos de Cima da Serra, e nos estados da Bahia e de Minas Gerais.

Experimente: Amitié Cuvée Brut Viognier.

Xarel-lo

Mais uma casta originária da região espanhola da Catalunha que entra na elaboração dos espumantes Cava. Os vinhos dessa uva são bem estruturados, frescos e apresentam aromas frutados e nuances florais. É também conhecida como *Pansa Blanca*, *Cartoixa* e *Pansal*.

Tintas

Ancelota ou Ancelotta

Originária da região italiana de Emilia-Romagna, essa variedade é muito usada em assemblages de vinhos tintos e espumantes tintos italianos, os famosos Lambruscos. A Ancelota resulta em vinhos de cor intensa, de corpo médio, acidez mediana, taninos maduros e potentes aromas de fruta vermelha madura. No Brasil, é cultivada em vinhedos da região da Serra Gaúcha, no extremo sul do país.

Experimente: Garibaldi Vero Brut Rosé.

Barbera

Nativa do Piemonte, é a cepa mais plantada na Itália. Resulta em vinhos frutados, com grande acidez e poucos taninos, que, quando amadurecidos em carvalho, perdem parte da acidez e ganham complexidade aromática. Está presente em Goiás e em muitos cortes de vinhos comuns no Rio Grande do Sul e em Santa Catarina.

Experimente: Manus Virgo Brut Rosé 2022.

Cabernet Franc

Oriunda da região de Bordeaux, é considerada a prima-irmã da Cabernet Sauvignon. Origina vinhos pouco encorpados, com elevada acidez e taninos intensos na juventude e toques herbáceos. Adaptou-se bem em todo o Rio Grande do Sul, onde produz bons rótulos tanto no Vale dos Vinhedos, quanto na Campanha Gaúcha, em Flores da Cunha e, principalmente, em Pinto Bandeira. A cepa apresenta bom desempenho, também, em alguns vinhedos de dupla poda.

Experimente: Ponto Nero Enjoy Cabernet Franc Brut.

Cabernet Sauvignon

Também da região de Bordeaux, é a "rainha das tintas", a mais importante do mundo vinícola de hoje. Bastante adaptável aos diversos tipos de clima e solo, resistente às intempéries e com grande capacidade de envelhecimento. Apresenta cor intensa, muitos taninos e é considerada complexa pela quantidade de aromas que exprime: cerejas maduras, cassis, pimentão, menta, aspargos, eucalipto, café, tabaco, madeira. Está presente em todas as regiões vinícolas brasileiras, com destaque para São Joaquim, Serra do Sudeste e Médio São Francisco.

Experimente: Hiragami Kanpai Brut Rosé.

Gamay

Da região de Beaujolais, é uma uva cultivada na Serra Gaúcha. Seus vinhos cheios de frescor, são leves, frutados e pouco tânicos. As vinícolas Miolo e Dal Pizzol produzem bons exemplares.

 Experimente: Viapiana Extra Brut Gamay.

Grenache

Uma das uvas mais cultivadas em todo o mundo, também conhecida como Cannonau, na Sardenha; Tocai Rosso, no Vêneto; Roussilon na França; e Garnacha na Espanha, sua terra natal. A uva Grenache produz vinhos encorpados, alcoólicos e acidez baixa.

 Experimente: Terranova Brut Rosé.

Malbec ou Côt

Embora francesa, adotou a Argentina, onde dá origem a vinhos bem encorpados, de coloração intensa, com aromas que lembram frutas vermelhas, textura aveludada e taninos persistentes. Bons exemplares são elaborados nas cidades gaúchas de Alto Feliz e Bento Gonçalves e Campestre da Serra.

 Experimente: Don Guerino Malbec Rosé Brut.

Merlot

Francesa, da região de Bordeaux, essa uva é uma das mais plantadas no mundo. Divide com a Cabernet Sauvignon, o título de principal uva tinta do Brasil. No aroma e no gosto, reconhece-se um bom Merlot ao serem identificadas frutas vermelhas (framboesa, cereja, ameixa e groselha). Comparada com a Cabernet Sauvignon, a Merlot é menos tânica e tem mais açúcar. Origina vinhos macios e aveludados. Dá os melhores tintos na Serra Gaúcha.

 Experimente: Guatambu Tinto Brut Noir de Merlot.

Meunier

Francesa, da região de Champagne, da mesma família das uvas Pinot Grigio e Pinot Noir, apresenta acidez e teor alcoólico muito equilibrados. Seus cachos são cobertos por uma camada fina de farinha branca, característica que lhe rendeu o nome. O termo francês *meunier* significa moendeiro, moleiro, em português. É uma das três cepas utilizadas na elaboração dos icônicos champanhes.

Experimente: Villagio Grando Brut.

Nebbiolo

Originária da região italiana do Piemonte, seu nome deriva de *nebbia*, uma referência à neblina que encobre os campos piemonteses no outono. Na Lombardia, é chamada de *Chiavennasca*. Seus vinhos são bem estruturados, apresentam acidez notável, taninos marcantes, com excelente potencial de envelhecimento. A cepa é encontrada no Sul.

Experimente: Casa Fontanari Mion Brut Rosé.

Petit Verdot

Casta bordalesa, dá origem a tintos intensos, robustos, tânicos e com toques florais e notas de frutas maduras. Variedade de amadurecimento lento, seu nome faz referência ao pequeno tamanho de seus cachos. Marca presença na Serra Gaúcha e em São Joaquim (Santa Catarina).

Experimente: Buffon Exóticos Nature Negro Sur Lie.

Pinot Noir (França), Pinot Nero (Itália), Spätburgunder ou Blauburgunder (Alemanha, Áustria e Suíça)

Originária da Borgonha, é sensível às condições climáticas e não suporta temperaturas altas. Em geral, a Pinot Noir produz vinhos com pouca intensidade de cor, leves e elegantes, com acidez de moderada a alta, poucos taninos e aromas característicos de frutas, principalmente de morango, cereja, ameixa. Apesar de ser uma uva tinta (Bordô), no Brasil, é empregada na elaboração de espumantes. Campos de Cima da Serra, Serra Gaúcha e Planalto Catarinense destacam-se na produção dessa uva.

Experimente: Don Giovanni Blanc de Noir Brut 24 meses.

Sangiovese

Bastante difundida na região central da Itália, principalmente na Toscana, onde recebe inúmeros outros nomes (*Sangioveto, Brunello, Prugnolo Gentile* etc.), era cultivada na Antiguidade pelos etruscos, que a chamavam de *Sanguis Joves*, o sangue de Júpiter. Pode ser encontrada na Sicília com o nome de *Nerello* e *Corinto Nero*, na Calábria. Essa uva é caracterizada por uma elevada e agradável acidez, taninos equilibrados, aromas de fruta e corpo médio-leve. É também utilizada para produzir espumantes, e vinhos de sobremesa e Rosé. A Serra Gaúcha, a Serra do Sudeste, a Campanha e São Joaquim, em terras catarinenses, elaboram vinhos de boa qualidade com essa uva.

Experimente: Marchese di Ivrea Principe di Ivrea Rosé Brut 2022.

Syrah

Uva tradicional do Vale do Rhône, teve excelente adaptação na Austrália, onde é grafada *Shiraz*. A Syrah faz vinhos encorpados, de coloração intensa, com bastante álcool e marcadamente frutados, com aromas de amora, cassis, cereja e framboesa. Brilha no Vale do São Francisco na produção de espumantes e varietais. Na Serra da Mantiqueira, na divisa do sul de Minas Gerais com o estado de São Paulo, tornou-se a variedade tinta favorita dos adeptos da dupla poda.

Experimente: Almadén Brut Rosé.

Teroldego

Variedade italiana que vem se adaptando ao clima de Santa Catarina e do Rio Grande do Sul. Seus vinhos apresentam acidez equilibrada, aromas frutados e bom potencial de envelhecimento.

Experimente: Vinha Unna Terroir de Chuva Nature Blush — Teroldego 2021.

Tempranillo (Espanha), Aragonez (Portugal), Valdepeñas (Argentina e Canadá)

Como sugere o nome — vem do diminutivo espanhol *temprano*, que significa "cedo" —, é uma uva que amadurece precocemente. Variedade emblemática da Espanha, produz vinhos de cor intensa, bem estruturados, com ótima acidez, aromas de frutas vermelhas, tabaco e especiarias, que se prestam ao amadurecimento em carvalho. De fácil cultivo, destaca-se na Serra do Sudeste, na Campanha Gaúcha, no oeste de Santa Catarina, no submédio do Vale do São Francisco. Produtores do Sudeste, vêm tendo êxito no cultivo com dupla poda.

Touriga Nacional

Variedade de origem portuguesa, a Touriga Nacional pode resultar em bons varietais, de cor intensa, tânicos, com aromas florais, predominantemente de violetas, e boa capacidade de guarda. É cultivada na região Nordeste, na Serra Gaúcha e na Campanha Gaúcha.

Experimente: Santa Maria Rio Sol Assinatura Extra Brut Branco.

Como conta Francisco Mickael de Medeiros Câmara, pesquisador da Epamig:

> Considerando que os espumantes em sua maioria são provenientes de duas variedades (Chardonnay e Pinot Noir), a Epamig, no ano de 2024, iniciou dois projetos de pesquisas destinados a diversificação da produção da bebida. O primeiro é a avaliação de treze variedades de uvas viníferas para a elaboração da bebida, entre as variedades, duas tintas: Tempranillo e Grenache, destinadas a espumante rosé; e onze variedades brancas, tais como: Aligoté, Gewürztraminer, Macabeo, Pinot Grigio, Sémillon, Torrontés, Trebbiano Toscano, Vermentino e Xarel-lo. Algumas dessas variedades já são empregadas para a elaboração de espumantes em seus países de origem, porém de pouca expressão ou não utilizadas no Brasil. O segundo experimento é composto por dois testes com a variedade Chardonnay, com o intuito de aumentar a produção e melhorar a qualidade da bebida. Os dois experimentos serão analisados por, pelo menos, três anos para validação de vigor, produção e qualidade de bebida. Esperamos resultados promissores e que contribuam para a cadeia vitivinícola.

Terminologia

- **Acidez:** sensação gustativa percebida, nos cantos da boca, pela salivação provocada. Vem dos ácidos málico, láctico, tartárico e cítrico.
- **Afrômetro:** instrumento utilizado para medir a pressão nas garrafas de vinhos espumantes e frisantes.
- **Agrafo:** lâmina de metal, em formato de "U", que serve para manter as rolhas das garrafas de espumante durante a fermentação em garrafa.
- **Análise sensorial, análise organoléptica:** processo que utiliza os cinco sentidos (visão, paladar, olfato, audição e tato) para analisar um vinho.
- **Aroma, nariz:** substâncias orgânicas naturais presentes no vinho, percebidas pelo paladar e pelo olfato.
- *Assemblage*, **corte:** fase anterior à segunda fermentação em garrafa; é o nome dado a uma mistura (corte) de diferentes vinhos — a partir de 1970, para um vinho não *millésime* (safrado) —, de diversas procedências para obter um resultado mais equilibrado (vinho-base). Um mesmo champanhe pode ter uma mistura de 160 vinhos.
- **Autoclave:** tanques fechados e pressurizados, nos quais ocorre a segunda fermentação dos espumantes feitos pelo método *charmat*.
- **Autólise:** período em que o espumante fica na garrafa em contato com as leveduras.
- **Barrica:** o tamanho mais comum de barril de madeira, quase sempre feito de carvalho. Em Champagne, as barricas têm historicamente 205 litros de tamanho, embora muitos produtores usem barricas antigas de 228 litros compradas na Borgonha ou barricas de 225 litros em Bordeaux. Barris maiores são geralmente chamados de *demi-muids*, enquanto barris grandes são denominados *foudres*.
- **Borbulhas:** resultado do dióxido de carbono proveniente da fermentação na garrafa, as borbulhas são as responsáveis pelo aroma do espumante. Quanto maior o tempo de envelhecimento da bebida e quanto mais fria a temperatura da adega de envelhecimento, menor será o tamanho das borbulhas.
- **Borra:** partícula sólida presente no mosto que se deposita como sedimentos no fundo dos recipientes.
- **Calda bordalesa:** fungicida agrícola que ajuda a combater numerosas doenças fúngicas da videira. É resultado da mistura de sulfato de cobre, cal hidratada ou cal virgem e água.

- **Cápsula:** pode ser de plástico, estanho ou uma mistura de alumínio e plástico. Serve para proteger a rolha e a boca do gargalo, vestindo a garrafa.
- **Casta:** variedade de videiras da mesma espécie que têm origem comum e as mesmas características.
- **Centrifugação:** método de clarificação do mosto que permite separar as partes sólidas em suspensão.
- **Chato, plano:** em espumantes, vinho que perdeu o gás.
- **Clarificação:** processo físico de aglutinação das partículas suspensas no vinho, no fundo do tonel, para torná-lo mais límpido. Os métodos mais utilizados para a clarificação são a centrifugação, a filtragem e a colagem.
- **Colagem:** técnica de clarificação que consiste em adicionar certos clarificantes ou colas ao vinho, como bentonita, caseína, clara de ovo ou cola de peixe. Essas colas aglutinam as partículas indesejáveis em suspensão, limpando o vinho.
- *Collerette*: colar ou cordão de espuma que se forma quando as bolhas alcançam a superfície da taça ao ser servido o champanhe.
- *Crayères*: antigas pedreiras de calcário escavadas por milhares de escravos romanos para a retirada dos grandes blocos de rocha calcária necessários para a construção de Durocortorum (atual Reims), sob a cidade de Reims, descobertas pelo monge Dom Ruinart, também de Hautervilles.
- *Cuvée*: termo em francês que indica tanto um espumante proveniente do suco da uva que sai da primeira prensagem (*tête de cuvée*) — a parte mais valorizada e desejada usada sozinha na produção de espumantes excepcionais —, quanto uma mistura feita de uvas variadas, ou de uvas provenientes de vinhedos distintos, ou ambas as situações, no caso dos vinhos. Na viticultura, indica um vinho feito em um mesmo momento e sob as mesmas condições, e, também, nomeia o conteúdo de uma cuba.
- **Decantação:** processo de separar o vinho de seus sedimentos, de suas borras.
- *Dégorgement*, **degola:** operação utilizada na produção de champanhe após a *remuage*. Consiste em congelar o gargalo da garrafa em uma solução a -20 °C, geralmente nitrogênio líquido, para remover o depósito (borras) acumulado no decorrer da segunda fermentação. Quando a garrafa é aberta, a diferença entre as pressões interna e externa faz com que a parte sólida seja expulsa.
- **Degustação às cegas:** os vinhos são provados sem se saber sua identidade. A marca e o ano de colheita não são revelados. É considerada pelos

especialistas a maneira mais justa de avaliação, uma vez que somente as qualidades do vinho são levadas em conta, sem a interferência do prestígio e da tradição do nome que possa constar do rótulo.

- **Degustação de vinho:** avaliação da qualidade de um vinho, por meio dos órgãos dos sentidos. Conhecida como "análise sensorial".
- **Degustação horizontal:** avaliação da qualidade de vinhos da mesma safra e da mesma região, mas de produtores distintos.
- **Degustação vertical:** avaliação da qualidade das diferentes safras de um mesmo vinho.
- **Dióxido de carbono, gás carbônico, anidrido carbônico:** presente nos vinhos espumantes, é o responsável pela formação das borbulhas.
- **Dosagem:** operação que consiste em adicionar aos espumantes, após a degola, o licor de expedição, que se trata de uma mistura de vinho velho ou conhaque e açúcar.
- **Efervescência:** diz respeito aos champanhes e aos espumantes. É definida pela qualidade das borbulhas — quanto menores, maior a qualidade da espuma.
- **Efervescente:** diz-se de um vinho que desprende gás carbônico em forma de pequenas bolhas.
- **Espuma:** bolhas finas de gás carbônico que se libertam nos espumantes naturais; bolhas de gás que se formam na superfície dos vinhos durante a fermentação alcoólica, em virtude do desprendimento de gás carbônico.
- **Evanescente:** refere-se à espuma que desaparece rapidamente.
- **Fermentação:** processo que transforma açúcar em álcool etílico.
- **Fermentação alcoólica:** transformação dos açúcares contidos no mosto em álcool e em gás carbônico, por ação das leveduras.
- **Fermentação maloláctica:** fermentação que se segue à fermentação alcoólica, provocada por bactérias lácticas que transformam o ácido málico em ácido láctico e em gás carbônico, diminuindo, assim, a acidez do vinho.
- **Filtragem:** técnica de clarificação que consiste em passar o vinho por uma camada de matéria porosa para reter as partículas em suspensão, deixando fluir apenas o líquido.
- **Frisante:** fermenta apenas uma vez, contém a metade do gás carbônico encontrado em um espumante e graduação alcoólica menor, aproximadamente 7%. Pode ser doce ou seco, branco, tinto ou rosé, uma vez que é elaborado com qualquer uva. Não é classificado como espumante.

- **Gaiola metálica, gaiola de arame:** estrutura de metal que prende a rolha nas garrafas de espumantes. Em francês, *muselet*.
- **Gyropallete:** máquina controlada por computador utilizada para a *remuage* automática das garrafas de espumantes e champanhes.
- **Levedura:** fungo microscópico encontrado na película da uva, responsável pela fermentação alcoólica.
- **Leveduras encapsuladas:** cápsulas de alginato (polissacarídeo natural extraído de algas), que desempenham sua atividade fermentativa dentro da cápsula, permitindo eliminar a etapa de *remuage* na produção de espumantes pelo processo *champenoise* e reduzir os custos de produção. É utilizada para a realização da segunda fermentação em garrafa.
- **Licor de *tirage*, licor de tiragem, *liqueur de tirage*:** solução de açúcar de cana, taninos e leveduras selecionadas que vão provocar a segunda fermentação no champanhe, produzindo gás carbônico e aumentando o teor alcoólico do vinho.
- ***Liqueur d'expédition*, licor de expedição, xarope de dosagem:** mistura de vinho velho, ou conhaque, e açúcar adicionada ao champanhe, antes do arrolhamento, cujo teor de açúcar definirá seu estilo: Brut, Extra Sec, Sec, Demi-Sec ou Doux.
- **Mosto:** suco obtido da uva madura por meio da prensagem ou do esmagamento, destinado à elaboração de vinho.
- **Oídio:** fungo que ocasiona o ressecamento das folhas e dos cachos de uva, e sempre ataca primeiro as rosas.
- **Pasteurização:** consiste em aquecer o vinho a temperaturas entre 55 °C e 65 °C, para eliminar os microrganismos que porventura tenham sobrevivido à fermentação.
- ***Perlage*:** do francês *perle* (pérola), é como são chamadas, em francês, as pequeninas bolhas de gás carbônico presentes nos vinhos espumantes.
- **Prensa vertical, *pressoir cocquard*:** equipamento utilizado na vinificação de espumantes, que permite obter grande suavidade na extração e uma perfeita separação do mosto.
- **Prensagem:** operação realizada após o esmagamento, que consiste em passar as uvas pela prensa para separar a parte sólida da parte líquida, extraindo o mosto-flor e os mostos de primeira e segunda prensagens.
- ***Pupitre*, estante:** cavalete de madeira com furos inclinados, no qual as garrafas de vinho espumante são colocadas para dar início ao processo de *remuage*.

- ***Remuage*, remuagem:** operação que consiste em girar as garrafas de champanhe dispostas nas *pupitres* — 1/4 de volta, uma a uma, todos os dias —, até que alcancem a posição vertical. Dessa maneira, os sedimentos vão se deslocando, acumulando-se no gargalo, para, depois, serem extraídos em uma operação denominada *dégorgement*.
- **Rolha de cortiça:** considerada ideal por suas propriedades de elasticidade, impermeabilidade, resistência, conservação em contato com líquido, ausência de cheiro e baixo peso específico.
- **Sangria:** operação que consiste em retirar uma parte do mosto de uma cuba durante a fermentação alcoólica.
- **Tampa corona:** cápsula de metal, encontrada em garrafas de cerveja, que é comumente usada atualmente para selar uma garrafa durante a segunda fermentação e o envelhecimento nas borras, sendo substituída por uma rolha após ser removida no processo conhecido como *dégorgement*.
- ***Terroir*:** termo francês aplicado a determinada zona geográfica que goza de características específicas de solo, relevo e clima, as quais transmitem ao vinho sua originalidade e qualidade.
- **Tipicidade:** conjunto dos caracteres específicos de um vinho que permitem o reconhecimento de sua origem.
- **Tomada de espuma, *prise de mousse*:** expressão utilizada para identificar o processo natural de segunda fermentação, durante o qual o gás carbônico formado se incorpora lentamente ao vinho-base, dando origem às famosas borbulhas.
- **Vinho-base:** bebida com acidez fixa elevada e menor teor alcoólico, da qual são elaborados destilados, espumantes, vinagres e vinhos medicinais.
- **Vinho tranquilo:** vinho que contém pouco gás carbônico, ao contrário dos espumantes e frisantes.

TRATE BEM AS BORBULHAS

Espumante tem um quê de "malandragem": gosta de sombra e água fresca. Além disso, tem fobia à luz, é hipersensível às mudanças bruscas de temperatura, tem horror ao calor e odeia ficar para lá e para cá. Lembre-se disso na hora de guardá-lo. Quanto à taça, a tulipa, de base ovalada e abertura estreita, é o tipo mais indicado.

Como explica Benoît Gouez, chef de cave da Moët & Chandon:

> Ela é suficientemente estreita na base para poder ter uma boa coluna de líquido e poder observar o caminho das borbulhas, suficientemente larga no corpo para deixar o vinho respirar e desenvolver toda a sua complexidade, e ligeiramente fechada na boca para concentrar os aromas enquanto se permite colocar o nariz dentro do copo ao beber.*

Na taça flûte, ocorre o chamado "efeito chaminé": a falta de espaço comprime o gás carbônico e faz aumentar sua velocidade vertical em direção à boca da taça. Dessa maneira, o gás se volatiza antes que seja possível apreciar todos os aromas da bebida. Na ausência de uma tulipa, para os espumantes, a melhor opção é usar uma taça de vinho branco. Ao servir, a temperatura correta deve estar entre 8 °C e 10 °C. Deve-se colocar inicialmente uma pequena quantidade da bebida na taça, para resfriar o fundo. Em seguida, completar até dois terços do volume da taça.

É absolutamente proibido pôr a bebida no congelador. O resfriamento brusco afeta seu aroma e sabor. Também é extremamente desaconselhável servir em copos previamente resfriados, porque isso afeta as bolhas.

Um balde com gelo e água, em quantidade suficiente para abraçar a garrafa até três dedinhos do gargalo, é o bastante para gelar o espumante em 20, 25 minutos. Na geladeira, não deve ficar mais que três dias: a cortiça seca, o ar entra e a efervescência dá adeus.

---

* Disponível em: https://revistaadega.uol.com.br/artigo/tulipa-e-taca-ideal-para-espumantes.html. Acesso em: 17 de fev. de 2025.

Na hora de abrir a garrafa, controle seus instintos. Nada de bancar piloto de Fórmula 1 e sair chacoalhando a garrafa para dar um banho de espuma em seus convidados. Ao retirar a gaiola de arame, coloque o polegar sobre essa — algumas rolhas saem voando com gaiola e tudo —, segure a rolha com firmeza e gire a garrafa. Sim, a garrafa. Nunca a rolha. Quanto mais silenciosa a abertura da garrafa, melhor. Assim você preserva as borbulhas, não desperdiça a bebida e evita o risco de provocar um incidente. Se não der certo, coloque o gargalo sob um jato de água quente e repita a operação.

Para limpar as taças, especialistas recomendam que essas sejam lavadas à mão, apenas com água quente, sem qualquer sabão ou detergente, pois esses produtos podem afetar as bolhas. Deixe as taças escorrerem um pouco e seque-as com um paninho macio ou um papel absorvente.

Uma vez aberto, o espumante deve ser servido rapidamente, e o ideal é que seja consumido integralmente. Espumante aberto na garrafa tem duração limitada. Mesmo que bem arrolhado e colocado na geladeira, resiste apenas por algumas horas.

Se você aprecia os espumantes Pét-Nats, mas não é muito chegado aos sedimentos (borras) característicos do estilo, a dica é deixá-los de pé antes de beber, ou resfriá-los em um balde de gelo por 30 minutos. Desse modo, os sedimentos se depositam no fundo da garrafa.

A receita pede um espumante? Vale a máxima: não cozinhe com um espumante que você não beberia. O espumante não precisa ser caro, apenas de boa qualidade. Também fique atento à quantidade: pouco espumante não faz diferença, e muito pode pôr tudo a perder. De preferência, siga a receita à risca e nada de cozinhar com um espumante "morto" — aquele que está na sua geladeira há dias, semanas...

Do mesmo modo que espumante bom não é, necessariamente, um espumante caro, espumante com pontuações altas, também não é, necessariamente, um espumante bom. A avaliação leva em conta somente os aspectos técnicos do espumante e deve apenas servir como referência. Na hora de escolher seu espumante, considere, portanto, mais a reputação do produtor e seu gosto pessoal, não se esquecendo do seu bolso, evidentemente.

Como afirmou o crítico francês François Simon:

> Esqueça as regras do vinho. O champanhe não as observa e até as contraria, por ter várias origens, por confundir suas pistas, por serem tão iguais, mas tão diferentes. É um vinho para a cabeça que prefere sonhar em outros vinhedos.*

• • • • • • • • • • • • • •

* *Apud O Globo*, "A hora do cava", de Pedro Mello e Souza. Disponível em: https://oglobo.globo.com/rioshow/a-hora-do-cava-23329272. Acesso em: 03 de mar. de 2025.

ESPUMANTES NA GASTRONOMIA

A acidez, aliada às borbulhas, a refrescância e os diferentes estilos (dos mais secos aos mais doces) fazem do espumante, o "coringa" da harmonização, podendo abrir seu apetite com drinques deliciosos e acompanhar o menu de sua escolha da entrada à sobremesa. Tidos como gastronômicos, o casamento entre espumantes e comida não poderia ser mais feliz. Parece não haver a menor incompatibilidade de gênios. "Talvez por ter essa qualidade de abraçar os sabores facilmente, os espumantes, atentando às suas complexas nuances, podem nos brindar com experiências enogastronômicas surpreendentes", afirma o chef André Vasconcelos. As receitas a seguir, assinadas e harmonizadas por um time de brilhantes profissionais, são provas irrefutáveis de que o Brasil, há muito, já tem um espumante, ou melhor dizendo, muitos espumantes, para chamar de seu. Aproveitem!

NORTE

Cuscuz amazônico com pirarucu seco, de Denise Rohnelt de Araujo, RR

Vite-Vite Branco Brut (rotulagem Casa Freitas Vinhos & Empório), *para harmonizar*

Rendimento: como prato principal até 8 pessoas, como acompanhamento até 12 pessoas

INGREDIENTES

Peixe

- 3 colheres (sopa) de azeite de oliva (ou de óleo de soja)
- 1 cebola grande cortada em cubinhos
- 4 dentes de alho amassados
- 2 pimentas-de-cheiro cortadas em cubinhos
- Sal a gosto
- 500 g de pirarucu seco dessalgado e desfiado

Cuscuz

- 250 g de farinha Uarini (ovinha)
- 100 ml de água quente (ou de caldo de tucupi), para hidratar
- 2 ovos cozidos picados
- 2 tomates grandes sem sementes cortados em cubinhos
- Cebolinha e coentro picados a gosto
- Sal a gosto
- 2 bananas-pacová cortadas em cubinhos e fritas
- 3 colheres (sopa) de azeite de oliva extravirgem, para finalizar
- 50 g de castanha-do-pará cortada em lascas, para finalizar

PREPARO

Peixe

1. Refogue, no azeite, a cebola, o alho, a pimenta-de-cheiro e o sal. **2.** Junte o pirarucu e refogue bem. Reserve.

Cuscuz

1. Em um recipiente, hidrate a farinha com água quente e deixe com a tampa por 10 minutos. Com o auxílio de um garfo, solte a farinha. **2.** Acrescente os ovos, o tomate, a cebolinha, o coentro e o sal. Misture bem. **3.** Adicione o pirarucu reservado e a banana-pacová. **4.** Tempere com o azeite. **5.** Finalize com as castanhas.

> **Dica da chef:** esse prato pode ser servido quente, frio, como entrada e até como acompanhamento de prato principal.

Trufa de açaí encapsulada no chocolate, de Deocleciano Brito, AM

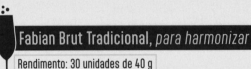

Fabian Brut Tradicional, *para harmonizar*

Rendimento: 30 unidades de 40 g

INGREDIENTES

Trufa

- 450 g de açaí *in natura*
- 395 g de leite condensado
- 80 g de óleo de castanha-do-brasil
- 60 g de farinha de castanha-do-brasil
- 5 gemas de ovo

Cobertura

- 500 g de chocolate meio amargo
- 100 g de óleo de castanha-do-brasil.

PREPARO

Trufa

1. Coloque todos os ingredientes no liquidificador e bata bem. **2.** Despeje a mistura em forminhas de pudim untadas com manteiga. **3.** Leve para assar no forno a 170 °C em banho-maria por, aproximadamente, 25 minutos. **4.** Após o cozimento, deixe esfriar. **5.** Desenforme e leve ao congelador.

Cobertura

1. Derreta o chocolate, acrescente o óleo de castanha-do-brasil. **2.** Misture bem.

FINALIZAÇÃO

1. Banhe as trufas congeladas no chocolate, disponha em um tapete de silicone ou papel-manteiga e deixe secar. **2.** Enrole as trufas em papel-alumínio e mantenha no congelador. **3.** Sirva com chantili.

Costelinha de tambaqui agridoce, *de Felipe Schaedler, PA*

Abreu Garcia Blanc de Blanc Nature, *para harmonizar*

Rendimento: 2 porções

INGREDIENTES

Costelinha

- 400 g de costela de tambaqui
- 20 g de farinha de trigo
- 40 g de farinha de mandioca
- Óleo de canola para fritar

Pimenta moqueada

- Alecrim a gosto
- Tomilho a gosto
- 2 pimentas-dedo-de-moça sem sementes, picadas

Molho

- 20 ml de óleo de canola
- 10 g de alho picado
- 20 g de mostarda de Dijon
- 100 ml de molho de soja
- 140 ml de glucose
- 40 ml de vinagre de arroz
- 60 g de açúcar mascavo
- Gergelim, para finalizar

PREPARO

Costelinha

1. Empane as costelas nas farinhas. **2.** Em uma frigideira funda, aqueça bem o óleo, suficiente para fritar as costelas por imersão, até dourar. **3.** Escorra no papel-toalha.

Pimenta moqueada

1. Em uma panela, queime as ervas com um maçarico. **2.** Coloque a pimenta-dedo-de-moça em uma peneira de ferro sobre a panela. **3.** Tampe e deixe em fogo baixo por alguns minutos, até que a pimenta absorva o aroma defumado das ervas. Reserve.

Molho

1. Em uma panela com óleo, doure o alho e junte a pimenta-dedo-de-moça moqueada reservada e a mostarda. Mexa. **2.** Acrescente o molho de soja, a glucose e o vinagre de arroz. **3.** Quando levantar fervura, adicione o açúcar mascavo. **4.** Deixe levantar fervura novamente e abaixe o fogo. **5.** Cozinhe por 5 minutos, até que a calda engrosse. **6.** Coe para retirar o alho e os pedaços maiores de pimenta. **7.** Finalize com o gergelim.

Magret de canard ao barbecue de açaí, farofa de cascas de camarão, arroz de chicória e castanha-do-brasil, *de Solange Sussuarana, AP*

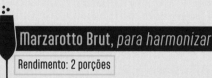

Marzarotto Brut, *para harmonizar*
Rendimento: 2 porções

INGREDIENTES

Pato

- 2 peitos de pato
- Sal e pimenta-do-reino a gosto
- Azeite de oliva, para dourar

Molho

- 250 ml de açaí
- 10 ml de vinagre
- 20 ml de molho de soja
- 50 g de açúcar mascavo

Farofa

- 50 g de cascas de camarão
- Azeite de oliva
- 50 g de cebola cortada em cubinhos
- 100 g de farinha de macaxeira
- Sal e pimenta-do-reino a gosto

PREPARO

Pato

1. Faça cortes superficiais e transversais cruzados na pele do peito de pato. Tempere com sal e pimenta-do-reino. Reserve. **2.** Aqueça o azeite em uma frigideira, coloque o peito de pato com a pele voltada para baixo para dourar. **3.** Vire e doure o outro lado, regando sempre com azeite. Reserve.

Molho

1. Em uma panela aquecida, coloque o açaí e, aos poucos, adicione o vinagre, o molho de soja e o açúcar. **2.** Reduza até obter um molho bem espesso.

Farofa

1. Torre as cascas de camarão no forno por 10 minutos. **2.** Triture-as no liquidificador. **3.** Doure a cebola no azeite e adicione a farinha triturada aos poucos. **4.** Tempere com sal e pimenta-do-reino.

Dica da chef: sirva acompanhado de arroz com chicória e castanhas-do-brasil torradas e trituradas.

NORDESTE

Cheesecake de pistache, *de Bruna Hannouche, PE*

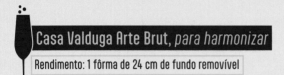

Casa Valduga Arte Brut, *para harmonizar*

Rendimento: 1 fôrma de 24 cm de fundo removível

INGREDIENTES

Massa

- 500 g de biscoito maisena (ou biscoito de leite)
- 100 g de manteiga com sal derretida

Recheio

- 500 g de cream cheese
- 200 g de creme de leite
- 80 g de chocolate branco
- 395 g de leite condensado
- 30 g de sumo de limão peneirado
- 40 g de farinha de trigo sem fermento
- 2 ovos (100 g)
- 80 g de pistache em grãos inteiros torrados
- 100 g de pistache triturado

Cobertura

- 250 g de chocolate branco
- 175 g de creme de leite
- 75 g de pasta de pistache saborizada
- 75 g de farelo de pistache, para decorar

PREPARO

Massa

1. Triture os biscoitos com a manteiga derretida. **2.** Use essa massa para forrar o fundo de uma fôrma e leve para assar por 5 minutos.

Recheio

1. Bata todos os ingredientes em uma batedeira. **2.** Coloque sobre a massa e leve para assar por 10 a 15 minutos ou até dourar. Deixe esfriar.

Cobertura

1. Derreta o chocolate. **2.** Misture com o creme de leite e a pasta de pistache. Use um mixer para fazer uma emulsão. **3.** Coloque a cobertura sobre o recheio. **4.** Decore com o farelo de pistache. **5.** Leve ao freezer. Retire um pouco antes de servir.

Ostra Kirimurê com sorvete de pimenta-de--cheiro, gelatina de tomate e crocante de ostra, *de Dante Bassi, BA*

Vinum Terra Fra Stelle Biodinâmico 2023, *para harmonizar*

Rendimento: 5 porções

INGREDIENTES

Gelatina de tomate

- 8 tomates rasteiros maduros cortados ao meio
- 20 g de folhas de salsinha picadas grosseiramente
- 20 g de folhas de coentro picadas grosseiramente
- 1/2 dente de alho picado grosseiramente
- 8 g de açúcar cristal
- Sal e pimenta-do-reino a gosto
- 3 folhas de gelatina

Maionese de ostra

- 3 ostras frescas
- 1/3 colher (chá) de molho de ostra
- Óleo de canola q.b.
- Gotas de suco de limão-taiti
- Sal e pimenta-do-reino a gosto

Sorvete de pimenta-de-cheiro

- 90 g de pimenta-de-cheiro sem sementes, picada
- 27 g de glucose
- 12 g de açúcar cristal
- 2 g de sal
- 125 g de creme de leite fresco
- 1 g de goma xantana
- 15 g de suco de limão-taiti

Crocante de ostra

- 8 ostras frescas com o líquido
- 100 g de água
- 20 g de alga nori
- 240 g de polvilho azedo

"Pedras" de sorvete

- Sorvete de pimenta-de-cheiro
- 1 xícara (chá) de óleo de coco sem sabor

Finalização

- 20 g de alga nori
- Óleo de canola para fritar
- 10 ostras frescas
- 1 xícara (chá) de pepino cortado em cubinhos
- Sal q.b.
- 3 colheres (sopa) de ovas de truta
- Brotos de agrião a gosto

PREPARO

Gelatina de tomate

1. Rale os tomates na parte grossa do ralador. **2.** Adicione a salsinha, o coentro, o alho e o açúcar. **3.** Tempere com sal e pimenta-do-reino, e deixe marinar por 30 minutos em temperatura ambiente. **4.** Passe a mistura por um filtro de pano, espremendo bem a polpa para liberar todo o líquido. Reserve o líquido e descarte a polpa espremida. **5.** Hidrate as folhas de gelatina em água gelada por, pelo menos, 5 minutos. Remova a gelatina hidratada da água e esprema o excesso de água. **6.** Em uma panela, junte a gelatina e a água de tomate e leve ao fogo baixo. Mexa com um fouet constantemente até dissolver totalmente. Cuide para não esquentar muito. **7.** Derrame a mistura em um recipiente e leve à geladeira até gelificar totalmente. **8.** Retire da geladeira e amasse com um garfo até a gelatina ficar em pedaços pequenos. **9.** Coloque em um saco de confeiteiro e reserve em lugar resfriado.

Maionese de ostra

1. Retire as ostras das conchas e disponha em um mixer. 2. Junte o molho de ostra e emulsione até obter um líquido pastoso homogêneo. 3. Ainda com o mixer batendo, acrescente o óleo de canola em um fio contínuo até a mistura alcançar a textura de uma maionese firme. 4. Adicione algumas gotas de suco de limão, o sal e a pimenta-do-reino. 5. Coloque em um saco de confeiteiro e reserve em lugar resfriado.

Sorvete de pimenta-de-cheiro

1. Em uma panela, acrescente dois terços (60 g) da pimenta picada, a glucose, o açúcar, o sal e o creme de leite. Leve ao fogo médio até ferver. 2. Remova do fogo e deixe resfriar em temperatura ambiente. 3. Coloque a mistura em um liquidificador junto com os 30 g restantes da pimenta-de-cheiro, a goma xantana e o suco de limão. 4. Bata até a mistura ficar homogênea e depois passe-a por uma peneira fina. 5. Bata o líquido em uma sorveteria até virar sorvete. 6. Despeje em fôrmas esféricas e leve ao freezer.

Crocante de ostra

1. Retire as ostras das conchas e preserve seu líquido. 2. Coloque todos os ingredientes na Thermomix® ou no processador. 3. Bata até a massa ficar homogênea. 4. Aumente a temperatura para 90 °C e deixe bater por 5 minutos, até a massa fica elástica e "peguenta". 5. Espalhe a massa em um tapete de silicone, fazendo uma camada fina e coloque no forno baixo, a 60 °C, para desidratar. 6. Quando a massa estiver totalmente desidratada, quebre em pedaços pequenos com a mão. 7. Leve novamente à Thermomix® e bata até virar pó. Reserve em local seco.

"Pedras" de sorvete

1. Desenforme o sorvete e manipule para que tome um formato assimétrico, como uma pedra. 2. Leve ao congelador novamente. 3. Espete cada "pedra" de sorvete em um palito de dente. 4. Mergulhe totalmente no óleo de coco por 2 segundos. 5. Escorra o excesso e espere até que uma película firme de óleo de coco se forme em volta do sorvete. 6. Reserve as "pedras" no freezer até o uso.

Finalização

1. Bata a alga nori no Thermomix® ou no liquidificador até virar pó. Reserve. **2.** Aqueça o óleo de canola a 175 °C. Frite individualmente as casquinhas de ostras por alguns segundos até expandirem. Reserve sobre papel-toalha em local aquecido. **3.** Retire as ostras das conchas. Descarte o líquido e apare a ostra removendo a parte do músculo que dá sustentação a concha. Coloque sobre um pano limpo e seco. **4.** Tempere o pepino com sal. Após 5 minutos, escorra o pepino.

MONTAGEM

Em um prato resfriado, espalhe uma camada irregular de gelatina de tomate e disponha duas ostras sobre ela. Espalhe montinhos do pepino e pontinhos de maionese sobre a gelatina. Coloque duas "pedras" de sorvete de pimenta-de-cheiro sobre os pontinhos de maionese. Salpique tudo com pó de alga nori. Espalhe algumas ovas de truta. Finalize com pedaços do crocante de ostra e brotos de agrião.

Caldo Kirimurê de frutos do mar, *de Fabrício Lemos, BA*

Berto Aguiar Nature, *para harmonizar*

Rendimento: 10 porções de 200 ml

INGREDIENTES

Lambretas

- 24 lambretas frescas
- 200 g de cebola cortada
- 10 g de alho picado
- Azeite de oliva a gosto
- 100 g de salsão picado
- Coentro picado a gosto
- Cebolinha picada a gosto
- Manjericão a gosto
- 30 g de curry vermelho
- 2 L de leite de coco
- Sumo de 1 limão
  - Sal a gosto
  - Pimenta-de-cheiro doce a gosto
  - Gengibre a gosto

Frutos do mar

- 100 g de filé de camarão picado
- 100 g de anéis de lula picadas
- Sal a gosto
- Azeite de oliva a gosto

PREPARO

Lambretas

1. Lava bem as lambretas. Descarte as que estiverem abertas. **2.** Em uma panela aquecida, refogue a cebola e o alho no azeite. **3.** Acrescente o salsão e as ervas. Adicione a pasta de curry e o leite de coco. **4.** Quando levantar fervura, abaixe o fogo e adicione as lambretas. Cozinhe por mais 10 minutos. Desligue o fogo. **5.** Acrescente o sumo de limão, o sal, a pimenta-de-cheiro e o gengibre. **6.** Coe o caldo em uma peneira. Reserve.

Frutos do mar

1. Tempere os frutos do mar com sal. **2.** Refogue-os ligeiramente com azeite em uma frigideira antiaderente. **3.** Sirva, em um bowl, o caldo reservado misturado com 2 colheres (sopa) de frutos do mar.

Galinha à Gabriela, *de Guga Rocha, BA*

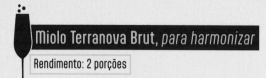

Miolo Terranova Brut, *para harmonizar*

Rendimento: 2 porções

INGREDIENTES

Frango

- 2 filés de peito de frango
- 1 colher (sopa) de óleo de gergelim torrado
- 2 colheres (sopa) de cachaça envelhecida
- Sumo de 1 limão
- 1 colher (chá) de páprica picante
- 1 colher (chá) de ervas de Provence
- Sal, cominho e pimenta-do-reino a gosto

Molho de chocolate picante

- 50 g de bacon picado bem pequeno
- 1 colher (sopa) de cebola roxa picada
- 1 colher (sopa) de alho picado
- Pimenta-dedo-de-moça a gosto
  - 50 g de chocolate amargo
  - 50 ml de creme de leite fresco
  - 50 ml de caldo de legumes (*ver a receita em "Caldos básicos"*)
  - Sal a gosto

Quenelle de mandioquinha e tapioca

- 100 g de purê de mandioquinha
- 30 g de polvilho doce
- 20 g de queijo meia cura ralado bem fino
- 20 g de queijo parmesão ralado bem fino
- 2 claras de ovos batidas em neve
- Sal e pimenta-do-reino branca a gosto

PREPARO

Frango

1. Misture todos os ingredientes e deixe marinar na geladeira por, pelo menos, 2 horas. **2.** Aqueça uma frigideira antiaderente e grelhe o frango até ficar douradinho. Reserve.

Molho de chocolate picante

1. Frite o bacon em uma frigideira até dourar. Coe a gordura e reserve o bacon. **2.** Na mesma frigideira, doure a cebola, o alho e a pimenta-dedo-de-moça. Reserve. **3.** Derreta em o chocolate no micro-ondas e adicione o creme de leite e o caldo de legumes mornos. Misture bem para incorporar. **4.** Adicione essa mistura na panela com o refogado da cebola picante. **5.** Junte o bacon reservado. **6.** Tempere com sal. Reserve.

Quenelle

1. Misture os ingredientes até homogeneizar. **2.** Faça as quenelles com o auxílio de duas colheres. **3.** Unte e enfarinhe com polvilho uma assadeira. **4.** Disponha as quenelles e leve ao forno preaquecido a 200 °C por 5 minutos.

MONTAGEM

Em um prato de serviço, coloque frango com o molho de chocolate picante despejado por cima do frango. Ao lado, disponha as quenelles.

Mousse de coalhada com sorbet de acerola e calda de goiaba, *de Kafe Bassi, BA*

Victoria Geisse Moscato Rosé Demi-Sec, *para harmonizar*

Rendimento: 30 porções

INGREDIENTES

Mousse de coalhada

- 750 g de coalhada
- 1 L de creme de leite
- 1 fava de baunilha
- Raspas de 1 limão-siciliano
- 350 g de clara de ovo
- 350 g de açúcar

Sorbet de acerola

- 1 kg de acerola
- 200 g de glaçúcar

Calda de goiaba

- 800 ml de água
- 200 ml de Victoria Geisse Moscato Rosé Demi-Sec
- 700 g de açúcar cristal
- 2 favas de baunilha
- 1 kg de goiaba ralada
- Sumo de 4 a 5 limões (opcional)

Tuille de goiaba

- 300 g de polpa de goiaba peneirada
- 80 g de glucose

PREPARO

Mousse de coalhada

1. Em um recipiente, bata a coalhada com o creme de leite até virar chantili. Adicione a baunilha e a raspa de limão-siciliano. Reserve. **2.** Bata a clara de ovo e adicione aos poucos o açúcar até ficar com picos firmes, em ponto de neve. **3.** Incorpore as duas massas. Coloque tudo dentro de um pano em uma peneira para drenar o líquido. **4.** Guarde na geladeira por 24 horas.

Sorbet de acerola

1. Dentro de um bowl, aperte as acerolas, uma a uma, para tirar as sementes. **2.** Congele a polpa com a casca em um pote de Pacojet. **3.** Passe na máquina duas ou três vezes até ficar bem liso. **4.** Misture o glaçúcar e congele novamente.

Calda de goiaba

1. Em uma panela grande, esquente a água, o espumante, o açúcar e a baunilha. Acrescente a goiaba. Cozinhe por 1 hora cuidando para não ferver. **2.** Deixe esfriar na geladeira. **3.** Peneire a calda e, se necessário, corrija com açúcar ou sumo de limão, se desejar. **4.** Preserve a polpa da goiaba para fazer a tuille.

Tuille de goiaba

1. Esquente a polpa de goiaba e misture com a glucose. **2.** Peneire e deixe esfriar. **3.** Espalhe em um tapete de silicone e leve para secar no forno a 120 °C por 20 minutos. **4.** Ainda quente, molde no formato desejado. Uma vez fria, a tuille vai ficar crocante.

MONTAGEM

Com a ajuda de um saco de confeitar, coloque a mousse de coalhada no centro do prato. Disponha o sorvete de acerola em cima e decore com a tuille. Sirva a calda à parte.

Pérolas de tapioca com morango macerado e sorbet de lichia, *de Morena Leite, BA*

Casa Valduga Premium Demi-Sec Rosé, *para harmonizar*

Rendimento: 4 porções

INGREDIENTES

Calda
- 150 g de açúcar
- 450 g de água
- 2 unidades de anis-estrelado

Pérolas de tapioca
- 100 g de sagu
- Água para cozinhar

Sorbet de lichia
- 60 g de açúcar refinado
  - 15 g de glucose em pó
  - 6 g de liga neutra
  - 300 g de polpa de lichia em conserva escorrida
  - 1,5 g de emulsificante

Morango macerado
- 250 g de morango maduro fresco picado
- 10 g de hortelã picado
- 1 g de pimenta-dedo-de-moça cortada em cubinhos pequenos
- 50 g de sagu em calda escorrido

Montagem

- 400 ml de Casa Valduga Premivm Demi-Sec Rosé
- 7 g de gergelim negro, para polvilhar
- 15 g de anis-estrelado, para finalizar
- 1 ramo de hortelã fresco, para decorar

PREPARO

Calda

1. Em uma panela, aqueça o açúcar e a água até o açúcar dissolver por completo. **2.** Junte o anis-estrelado. Reserve.

Pérolas de tapioca

1. Cozinhe o sagu em água fria. Após 10 minutos de fervura, escorra e lave em água fria para retirar o excesso de amido. **2.** Repita esse processo de 3 a 5 vezes. **3.** Depois da última lavada, coloque o sagu peneirado na calda preparada. Reserve.

Sorbet de lichia

1. Em uma panela, misture a água fervente com o açúcar, a glucose e a liga neutra, mexendo até dissolver. **2.** No liquidificador, combine essa mistura com a polpa de lichia e o emulsificante. **3.** Bata até obter uma mistura homogênea. **4.** Leve essa mistura à máquina de sorvete e processe até adquirir consistência. **5.** Transfira para um recipiente e leve ao freezer para firmar.

Morango macerado

1. Em um bowl, misture os morangos picados, a hortelã, a pimenta-dedo-de-moça e o sagu em calda escorrido que foi reservado. **2.** Deixe na geladeira.

Montagem

1. Posicione o sorbet de lichia no centro de uma taça. **2.** Disponha o morango macerado com as pérolas de sagu ao redor. **3.** Regue um pouco de espumante ao redor do sorvete. **4.** Polvilhe gergelim negro sobre o sorbet. **5.** Finalize com o anis-estrelado e uma pontinha da rama de hortelã fresco para decorar.

Risoto de brie com parma e melão cantaloupe, de Naim Santos, PI

Guatambu Isadora Rosé Nature, *para harmonizar*

Rendimento: 1 porção

INGREDIENTES

- 2 colheres (sopa) de azeite
- 10 g de cebola picada
- 80 g de arroz arbóreo
- 30 ml de vinho branco
- Sal a gosto
- 400 ml de caldo de legumes (*ver a receita em "Caldos básicos"*)
- 3 fatias de presunto de parma
- 30 g de melão cantaloupe cortado em cubos
- 30 g de queijo brie
- 10 g de manteiga
- 15 g de queijo parmesão ralado

PREPARO

1. Em uma panela com um pouco de azeite, refogue a cebola até murchar. **2.** Acrescente o arroz e refogue, mexendo sempre, por 30 segundos. Adicione o vinho branco e mexa até evaporar. Tempere com sal. **3.** Aos poucos e mexendo sempre, junte o caldo de legumes concha a concha, à medida que for secando. **4.** Quando estiver quase no ponto desejado, cerca de 14 minutos, acrescente o presunto parma, o melão cantaloupe e o queijo brie. **5.** Retire do fogo, adicione a manteiga e mexa bem. **6.** Finalize com o queijo parmesão. Sirva em seguida.

CENTRO--OESTE

Pintado marinado no limão-galego, de Ariani Malouf, MT

Casa Valduga Sur Lie, *para harmonizar*

Rendimento: 2 porções

INGREDIENTES

Marinada

- Sumo e raspas de 1/2 limão-galego
- 30 ml de azeite de oliva
- 1 pimenta-de-cheiro sem sementes picada
- 1/3 de pimenta-dedo-de-moça sem sementes picada
- 1 colher (sobremesa) de coentro picado
- Sal a gosto
- 360 g de pintado

Arroz

- 30 g de manteiga
- Azeite de oliva
- 1 ninho de macarrão cabelo de anjo
- 1 dente de alho picado
- 120 g de arroz-agulhinha
- Sal a gosto

Finalização

- Manteiga q.b., para dourar
- 20 g de baru
- 60 g de massa de kneif
- Gergelim branco a gosto
- 200 g de coalhada seca
- 1 colher (sopa) de salsinha picada

- 1 colher (sopa) de hortelã picada
- 50 g de grão-de-bico cozido
- 1 colher (sobremesa) de melaço de romã
- Sal a gosto
- Azeite de oliva a gosto

Montagem

- 2 colheres (sobremesa) de sementes de romã

PREPARO

Marinada

1. Em um recipiente, adicione todos os ingredientes, exceto o peixe, e misture bem. **2.** Coloque o peixe e deixe marinar por 15 minutos. **3.** Retire da marinada e leve o peixe para grelhar. Reserve.

Arroz

1. Em uma panela, coloque a manteiga e o azeite. **2.** Quebre o macarrão cabelo de anjo com as mãos, coloque-o na panela e mexa. **3.** Quando começar a dourar, acrescente o alho picado e mexa até o macarrão ficar bem dourado. **4.** Acrescente o arroz, coloque água, sal e cozinhe normalmente.

Finalização

1. Doure na manteiga o baru. **2.** Faça um ninho com a massa de kneif. Pincele com manteiga e salpique o gergelim. Leve ao forno para assar até dourar. **3.** Amoleça a coalhada com água e aqueça-a, só para amornar. **4.** Tempere as ervas e o grão-de-bico com melaço de romã, sal e azeite.

Montagem

1. Disponha o arroz no fundo do prato, cubra com a coalhada, coloque o pintado e o ninho de macarrão por cima. **2.** Salpique o baru dourado na manteiga e as sementes de romã.

Ninho de pirarucu (tartare de pirarucu curado, maionese de tucupi preto, castanha de pequi sobre ninho de macarrão crocante),
de Gil Guimarães, DF

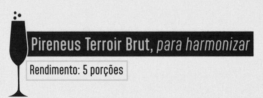

Pireneus Terroir Brut, *para harmonizar*

Rendimento: 5 porções

INGREDIENTES

Sal de cura

- 500 g de sal
- 250 g de açúcar cristal
- 250 g de açúcar demerara
- 50 g de pimenta-de-macaco
- 10 g de páprica defumada
- 5 kg de sementes de coentro

Tartare de pirarucu

- 1,5 kg de lombo de pirarucu em postas
- Azeite de oliva q.b.

Macarrão crocante

- 400 g de espaguete nº 8
- 5 ml de óleo de buriti

Maionese de tucupi preto

- 50 g de ovo caipira
- 450 g de óleo de milho
- 15 ml de tucupi preto

- 40 ml de água gelada
- 10 g de castanha-de-pequi quebrada a gosto
- 5 g de sal

PREPARO

Sal de cura

1. Misture todos os ingredientes. **2.** Separe em três partes.

Tartare de pirarucu

1. Passe uma parte do sal de cura nas postas de pirarucu. **2.** Enrole em um pano limpo. Deixe descansar por 12 horas. **3.** Após o tempo de cura, lave bem em água corrente. Repita este processo por mais duas vezes. **4.** Seque bem com papel-toalha. **5.** Pique na ponta da faca as postas. **6.** Adicione um pouco de azeite. Reserve.

Macarrão crocante

1. Cozinhe o macarrão al dente. São cerca de 8 minutos. **2.** Escorra e passe na água gelada. **3.** Unte com óleo de buriti e leve para assar por 8 minutos a 180 °C. Reserve.

Maionese de tucupi preto

1. Em um mixer, bata os ovos com o óleo de milho. **2.** Adicione o tucupi preto, a água gelada e a castanha de pequi. **3.** Tempere com sal.

MONTAGEM

Coloque o ninho de macarrão, em temperatura ambiente, no centro do prato. Disponha o tartare em cima do ninho e a maionese de tucupi preto em cima do tartare de pirarucu. Sirva a seguir.

Cappelletti do Cerrado, de Lui Veronese e Lu Veronese, DF

Don Giovanni Nature, *para harmonizar*

Rendimento: 4 porções

INGREDIENTES

Massa

- 100 g de farinha de trigo do tipo "00"
- 80 g de farinha de sêmola
- 2 ovos
- 2 gemas
- 3 g de azeite de oliva
- Sal a gosto

Pernil

- 800 g de pernil suíno
- 65 g de cebola
- 30 g de alho fresco
    - 2 g de alecrim fresco
    - 1 g de pimenta-do-reino moída
    - 1 g de sal
    - 150 ml de caldo de legumes (*ver receita em "Caldos básicos"*)
    - 100 ml de vinho branco seco
    - 50 ml de azeite extravirgem

Recheio

- 70 g de manteiga
- 15 g de cebola
- 5 g de alho
- 20 g de linguiça de porco picada

- 5 g de bacon em cubos
- 250 g de pernil suíno desfiado
- 200 g de farinha de trigo
- 1 L de leite integral
- 1 g de pimenta calabresa
- 1 g de páprica defumada
- Sal e pimenta-do-reino a gosto
- 15 g de milho-verde
- 15 g de palmito cortado em pedacinhos
- 5 g de azeitona sem caroço fatiada
- 20 g de muçarela cortada em cubos
- Cheiro-verde a gosto

Molho de mangaba

- 100 g de polpa de mangaba
- 5 g de limão-siciliano
- 2 g de azeite de oliva extravirgem
- Sal a gosto

Aioli de coco indaiá

- 200 ml de óleo de coco indaiá
- 100 ml de óleo de girassol
- 50 ml de água
- 20 ml de azeite
- 2 ml de vinagre de vinho branco
- 1 dente de alho sem o miolo
- 1 gema
- Sal a gosto

Cappelletti

- 400 g de recheio
- 200 g de massa fresca
- Sal a grosso a gosto

Montagem

- 15 g de aioli de coco indaiá
- 4 cappelletti
- 10 g de cajuzinho-do-cerrado
- 10 g de castanha de pequi
- 10 g de castanha de baru
- 1 g de pimenta-de-macaco
- 8 ml de óleo de buriti
  - Flores comestíveis e brotos frescos a gosto
  - 85 g de molho de mangaba

PREPARO

Massa

1. Misture as farinhas (caso não encontre a farinha de sêmola, use a mesma quantidade em farinha de trigo do tipo "00"). **2.** Coloque a farinha sobre uma bancada e faça uma cavidade no centro. **3.** Bata os ovos e as gemas com o azeite e o sal. Pouco a pouco, acrescente essa mistura e incorpore à farinha com a ajuda de um garfo. **4.** Trabalhe a massa, sovando bem até ficar lisa. Polvilhe farinha sempre que necessário. **5.** Cubra a massa com um pano levemente umedecido e deixe descansar por 45 minutos na geladeira.

Pernil

1. Bata todos os ingredientes no liquidificador, exceto o pernil. **2.** Lambuze o pernil com essa mistura e deixe marinar por, no mínimo, 8 horas. **3.** Transfira o pernil e a marinada para uma assadeira e adicione um pouco de água. Cubra com papel-alumínio e leve para assar a 190 °C no forno, até que a carne fique desmanchando. **4.** Vire a peça de hora em hora regando sempre que o líquido secar. **5.** Desligue, retire, deixe esfriar e desfie.

Recheio

1. Refogue a cebola, o alho, a linguiça e o bacon na manteiga. Acrescente o pernil e refogue mais um pouco. **2.** Adicione a farinha de trigo e o leite, e cozinhe por 2 minutos. **3.** Tempere com a pimenta calabresa, a páprica, a pimenta-do-reino e o sal. Mexa bem até que a massa desgrude com facilidade do fundo da panela. **4.** Adicione o milho, o palmito, a azeitona, a muçarela. Finalize com o cheiro-verde. **5.** Desligue o fogo. Misture e reserve.

Molho de mangaba

1. Bata todos os ingredientes no liquidificador. **2.** Coe e reserve.

Aioli de coco indaiá

1. Com exceção do óleo, bata todos os ingredientes no liquidificador, em velocidade baixa. **2.** Aos poucos, acrescente o óleo em um fio constante até emulsionar. **3.** Corrija o sal, se necessário. Reserve na geladeira.

Cappelletti

1. Abra a massa na espessura de 1 milímetro. Corte 4 quadrados com, aproximadamente, 12 centímetros. **2.** Coloque 100 gramas do recheio no centro de cada quadrado. **3.** Feche a massa, formando um triângulo. Junte as pontas do triângulo e dobre a pontinha para trás. **4.** Cozinhe a massa na água com sal por 3 minutos. **5.** Escorra e reserve.

Montagem

1. Em um prato raso, com o auxílio de uma bisnaga, faça um risco com o aioli de coco indaiá e coloque os cappelletti sobre essa risca. **2.** Disponha o cajuzinho-do-cerrado, a castanha de pequi e a castanha de baru ao redor. **3.** Tempere com a pimenta-de-macaco e um fio de óleo de buriti. **4.** Finalize com as flores comestíveis e os brotos frescos. **5.** Aqueça bem o molho de mangaba e sirva à parte.

SUDESTE

Papilotte de robalo com pupunha ao molho de bobó de lagostins, *de Aline Guedes, SP*

Cave Geisse Rosé Extra Brut, *para harmonizar*

Rendimento: 6 porções

INGREDIENTES

Peixe

- 6 cortes de robalo sem pele e sem espinhos
- 200 ml de vinho branco
- 150 ml de azeite de oliva extravirgem
- 2 folhas de louro frescas
- 2 ramos de tomilho frescos
- Sal e pimenta-do-reino a gosto
- 6 folhas de couve orgânicas grandes
- 2 toletes de palmito pupunha descascados
- 50 g de manteiga derretida

Molho de bobó de lagostins

- 50 ml de azeite de dendê
- 1 kg de cascas de lagostins
- 1 cebola
- 3 dentes de alho
- 30 ml de óleo
- 5 tomates
- 500 ml de caldo de peixe (*ver a receita em "Caldos básicos"*)
- 500 g de mandioca descascada
- 200 ml de leite de coco
- Sal e pimenta-do-reino a gosto
- Brotos de coentro a gosto, para a montagem

PREPARO

Peixe

1. Coloque os pedaços de robalo em um recipiente com o vinho, o azeite, as folhas de louro, o tomilho, o sal e a pimenta-do-reino e deixe marinar por, aproximadamente, 5 minutos. 2. Em uma panela, leve água para ferver, retire os talos das folhas de couve e as branqueie rapidamente para que amoleçam; retire-as da água quente imediatamente e as coloque em água gelada para que esfriem e a cocção seja interrompida. 3. Fatie finamente o palmito pupunha e comece a montagem dos papilottes. 4. Abra as folhas de couve, faça uma cama de palmito, coloque o robalo, cubra com mais uma camada de pupunha e, finalmente, feche os envelopes de couve. 5. Coloque os papillotes em fôrma untada apenas com azeite e, com o auxílio de um pincel, passe manteiga derretida nas folhas. 6. Leve ao forno preaquecido a 180 °C por, aproximadamente, 15 a 20 minutos.

Molho de bobó de lagostins

1. Aqueça levemente o azeite de dendê e doure as cascas de lagostins. 2. Acrescente a cebola, o alho e os tomates para desmanchar. 3. Adicione o caldo de peixe e deixe cozinhar por, aproximadamente, 20 minutos. Coe e reserve. 4. Cozinhe a mandioca. Assim que estiver macia, bata em um liquidificador com o caldo de peixe. 5. Leve o molho para uma panela e acrescente o leite de coco. Ajuste os temperos com sal e pimenta-do-reino. 6. Deixe o molho reduzir até atingir o ponto de textura que desejar.

MONTAGEM

Sirva o papillote em um prato um pouco mais fundo e despeje ao redor o molho de bobó. Finalize com brotos de coentro.

Salmão unilateral com sauté de pupunha, shimeji e creme de abacaxi, *de Ana Zambelli, RJ*

Garibaldi Vero Brut Rosé 2023

Rendimento: 2 porções

INGREDIENTES

- 400 g de salmão
- Azeite de oliva a gosto
- 3 toletes de palmito pupunha fresco
- 1/2 bandeja de shimeji
- Cebolinha picada a gosto
- 1/3 de abacaxi cortado em cubos
- 1/4 de cebola cortada em cubinhos
- Açúcar para polvilhar
- 50 ml de Garibaldi Vero Brut Rosé
- 100 ml de creme de leite
- Manteiga q.b.
- Sal a gosto

PREPARO

1. Tempere o salmão com o azeite e o sal. **2.** Coloque o palmito no micro-ondas por 8 minutos. Retire, corte em lâminas na diagonal e doure o palmito na manteiga. Acrescente sal e reserve. **3.** Na mesma frigideira, adicione mais um pouco de manteiga e refogue o shimeji. Tempere com sal e finalize com a cebolinha. Transfira para um recipiente e reserve. **4.** Nessa mesma frigideira, doure o abacaxi com manteiga. Polvilhe com o açúcar. **5.** Adicione o espumante e deixe evaporar um pouco. Junte o creme de leite. Ajuste o sal. Mantenha aquecido. **6.** Em uma frigideira antiaderente aquecida, grelhe o salmão apenas de um lado com azeite.

MONTAGEM

Em um prato, disponha em camadas o palmito, o shimeji e, por último, o salmão. Finalize com o molho de abacaxi.

Risoto de pato com shiitake e alho-poró em duas texturas, *de Andrea Tinoco, RJ*

Valmarino Extra Brut Valmarino & Churchill 2024, *para harmonizar*

Rendimento: 4 porções

INGREDIENTES

- 2 colheres (sopa) de azeite de oliva extravirgem
- 200 g de shiitake cortado em cubos
- 100 g de alho-poró cortado em cubos
- 300 g de alho-poró cortados em tirinhas e fritos
- Óleo para fritar
- 50 g de manteiga
- 1/2 cebola pequena picada
- 380 g de arroz arbóreo
- 1 xícara (chá) de vinho tinto seco
- 1 1/2 L de caldo de pato (*ver a receita em "Caldos básicos"*)
- 400 g de pato desfiado
- 6 colheres (sopa) de parmesão ralado

PREPARO

1. Refogue em parte do azeite, separadamente, o shiitake e depois o alho-poró cortados em cubinhos. Reserve. **2.** Frite as tirinhas de alho-poró no óleo a 180 °C até que dourem levemente e fiquem crocantes. Reserve. **3.** Em uma panela média, coloque o restante do azeite, metade da manteiga e a cebola. Mexa até murchar, mas sem dourar. **4.** Acrescente o arroz e mexa mais um pouco. Adicione o vinho e deixe-o evaporar em fogo alto. Junte aos poucos o caldo do pato, quase em ponto de fervura, sem deixar de mexer, até que o arroz fique al dente. **5.** Quando o arroz estiver quase pronto, acrescente o shiitake e alho-poró refogados e o pato desfiado. Mexa por mais 2 a 3 minutos. Retire do fogo. **6.** Acrescente o restante da manteiga e o parmesão ralado e misture bem. **7.** Disponha por cima as tirinhas de alho-poró fritas e sirva em seguida.

"A feira", de Brenda Freitas, SP

Cave Pericó Branco Moscatel, *para harmonizar*

Rendimento: 8 porções

INGREDIENTES

Raspadinha de caldo de cana
- 1/2 folha de gelatina
- 300 g de caldo de cana
- Sumo de 1 limão-taiti

Tomatinhos
- 25 tomates-cereja pequenos
- 200 g de água de coco
- 5 g de Cointreau®

Sorbet de graviola
- 240 g de água filtrada
- 165 g de mel
- 40 g de açúcar
  - Sumo de 1 limão-taiti
  - 350 g de polpa de graviola

Tuille
- 40 g de óleo
- 90 g de água filtrada
- 10 g de farinha de trigo
- 1 pitada de sal
- Açúcar de confeiteiro, para polvilhar
- Canela em pó, para polvilhar

Montagem

- Brotos de cenoura, de beterraba e de coentro a gosto
- Raspas de limão-taiti a gosto
- Tuille, para finalizar

PREPARO

Raspadinha de caldo de cana

1. Hidrate a gelatina em água gelada. **2.** Aqueça 100 g do caldo de cana, o suficiente para dissolver a gelatina. Acrescente o restante do caldo de cana e o sumo de limão. **3.** Congele de um dia para o outro.

Tomatinhos

1. Em uma panela, leve água para ferver e branqueie os tomatinhos; retire-os da água quente e coloque-os em água gelada para que esfriem e a cocção seja interrompida. **2.** Após descascá-los, faça pequenos furinhos com um alfinete de cozinha. **3.** Em um recipiente com tampa, misture a água de coco e o Cointreau®. **4.** Junte os tomatinhos e reserve de um dia para o outro, bem fechado, em geladeira.

Sorbet de graviola

1. Aqueça a água, adicione o mel e o açúcar para dissolver. Resfrie. **2.** Acrescente o sumo do limão e coe. **3.** Leve para bater junto com a polpa de graviola na máquina de sorvete. Mantenha no freezer.

Tuille

1. Em um recipiente, misture o óleo, a água, a farinha e o sal com o auxílio de um fouet. **2.** Em uma frigideira antiaderente aquecida, coloque uma pequena porção da massa (cerca de uma concha) e espere secar e dourar. **3.** Retire a tuille com uma espátula e disponha essa sobre uma placa com papel absorvente. **4.** Polvilhe com açúcar de confeiteiro e canela.

Montagem

1. Gele a louça no freezer, antes de servir. **2.** Coloque 2 colheres de raspadinha e 5 tomatinhos. **3.** Adicione 1 bolinha de sorvete de graviola sobre a raspadinha. **4.** Decore com os brotos e com as raspas do limão. **5.** Finalize com a tuille. Sirva imediatamente.

> **Dica da chef:** caso não tenha a máquina de sorvete: coloque a base do sorvete na vasilha de uma batedeira e deixe no freezer por, aproximadamente, 1 hora. Bata na velocidade máxima por 3 minutos. Volte para o freezer por mais 2 horas. Bata de novo e devolva ao freezer por mais 2 horas. Bata novamente. Esse processo serve para deixar o sorvete caseiro com uma textura melhor, congelando-o lentamente enquanto é batido.

Ostras, gelatina de Riesling e caviar, de Bruno Katz, RJ

 Vanessa Kohlrausch Medin Construindo Sonhos 2022, *para harmonizar*

Rendimento: 6 unidades

INGREDIENTES

Ostras

- 6 ostras
- 75 ml de vinho Riesling
- 20 ml de sumo de limão-siciliano
- 10 g de açúcar demerara
- 5 g de gelatina em pó

Montagem

- Sal grosso
- 10 g de caviar ou ovas
- 1 g de flor de sal, para finalizar
- 2 limões-sicilianos, para finalizar

PREPARO

Ostras

1. Abra as ostras cuidadosamente e solte da concha. Reserve seu líquido em uma panela. **2.** Adicione o vinho, o sumo do limão e o açúcar. Deixe ferver e reduza por 2 minutos. **3.** Acrescente a gelatina hidratada previamente na água. Dissolva bem. **4.** Cozinhe por mais 1 minuto. Resfrie e reserve.

Montagem

1. Disponha as ostras sobre o sal grosso. **2.** Coloque a gelatina de Riesling quebrada rusticamente em pedacinhos por cima e depois o caviar (ou ovas). **3.** Finalize com um toque de flor de sal e gotas de limão-siciliano.

Ostra de frango com gel de jiló, gastrique de laranja e esferas de pimentão, *de Caio Soter, MG*

Luiz Porto Nature, *para harmonizar*

Rendimento: 20 unidades

INGREDIENTES

Ostra de frango

- 20 unidades de ostra de frango
- 10 dentes de alho picados
- Sal a gosto
- 100 g de manteiga

Gel de jiló

- 350 g de jiló cortado em cubinhos
- 200 ml de água
- 140 g de açúcar
- 13 g de ágar-ágar
- Sal a gosto

Gastrique de laranja

- 200 ml de suco de laranja
- 100 ml de vinagre de maçã
- 100 ml de caldo de frango reduzido (*ver a receita em "Caldos básicos"*)
- 100 g de açúcar cristal
- Sal a gosto

Patê de fígado de galinha

- 200 g de fígado de galinha
- Azeite de oliva q.b.
- 1/2 cebola picada

- 50 ml de cachaça
- 80 g de creme de leite fresco gelado
- Sal a gosto

PREPARO

Ostra de frango

1. Tempere com o alho picado e o sal, e deixe na geladeira por 6 horas. **2.** Sele as ostras na manteiga, em frigideira quente por cerca de 4 minutos. **3.** Reserve.

Gel de jiló

1. Cozinhe o jiló na água com açúcar em fogo baixo por 20 minutos. **2.** Quando estiver macio, bata em um liquidificador. Adicione o ágar-ágar. Tempere com sal. **3.** Passe a mistura para uma assadeira e resfrie até que fique gelatinosa. **4.** Bata tudo novamente em um processador até que fique liso. **5.** Porcione em um saco de confeitar e armazene resfriado.

Gastrique de laranja

1. Em um bowl, misture o suco de laranja, o vinagre e o caldo de frango reduzido até ficar homogêneo. Reserve. **2.** Em uma panela, derreta o açúcar até caramelizar. **3.** Despeje no caldo e misture até ficar homogêneo. **4.** Tempere com sal e resfrie.

Patê de fígado

1. Doure o fígado de galinha no azeite em uma frigideira muito quente por 1 minuto de cada lado. **2.** Adicione a cebola. Na sequência, acrescente a cachaça e flambe. **3.** Transfira para um processador ou liquidificador. Junte o creme de leite e bata até ficar homogêneo. **4.** Resfrie em um saco de confeitar.

MONTAGEM

Disponha as ostras de frango em conchas de ostras do mar vazias. Tempere com 1 colher do molho gastrique de laranja. Finalize com 1 gota do gel de jiló e 1 gota do patê de fígado.

> **Dica do chef:** caso não encontre ostra de frango, pode comprar sobrecoxa e retirar a ostra da sobrecoxa. Esta fica na parte posterior da sobrecoxa, próximo à junção com a coxa.

Bolo de aipim com coco da minha mãe, de Carola Troisgros, RJ

Adolfo Lona Brut Branco Champenoise, *para harmonizar*
Rendimento: 9 porções

INGREDIENTES

Bolo

- 3 ovos
- 200 g de manteiga derretida
- 2 colheres (sopa) de extrato de baunilha
- 1 1/2 xícara (chá) de açúcar
- 500 g de aipim ralado
- 500 g de coco fresco ralado fininho
- 2 colheres (sopa) de fermento em pó
- 1/2 xícara (chá) de leite para diluir o fermento

Calda toffee

- 200 g de açúcar refinado
- 200 g de creme de leite fresco
- 30 g de manteiga gelada

PREPARO

Bolo

1. Preaqueça o forno a 180 °C. **2.** Em um bowl grande, bata bem os ovos. **3.** Adicione a manteiga derretida. Acrescente o extrato de baunilha. Junte o açúcar, o aipim ralado, o coco ralado e o fermento diluído no leite. **4.** Despeje a massa em uma fôrma untada com papel-manteiga. **5.** Leve ao forno a 180 °C para dourar.

Calda toffee

1. Derreta o açúcar em fogo médio, mexendo de vez em quando, para não queimar. Quando alcançar o ponto de uma calda espessa, baixe o fogo e adicione o creme de leite aos poucos, sempre mexendo. **2.** Acrescente a manteiga gelada, quando a mistura estiver homogênea. **3.** Desenforme o bolo e despeje a calda toffee por cima.

Feijoada de feijão-vermelho, *de Ciça Roxo e Ro Gouvêa, RJ*

Guatambu Tinto Brut Noir de Merlot, *para harmonizar*

Rendimento: 10 porções

INGREDIENTES

- 1 kg de feijão-vermelho
- 1 laranja
- 10 cravos-da-índia
- 1 cebola
- 2 folhas de louro frescas
- 500 g de carne-seca limpa e dessalgada
- 500 g de lombo de porco salgado, limpo e dessalgado
- 500 g de costelinha de porco salgada, limpa e dessalgada
- 300 g de bacon cortado em cubos
- 100 g de garganta de porco
- 100 g de orelha de porco
- 100 g de pé de porco
- 250 g de paio fatiado
- 80 g de alho picado finamente
- Óleo de girassol q.b.
- Sal a gosto

PREPARO

1. Cubra o feijão com água abundante e demolhe por 12 horas. **2.** Higienize e espete a laranja com 6 cravos-da-índia. **3.** Descasque a cebola, corte ao meio e espete cada uma das metades com um palito para não desmanchar durante o cozimento. **4.** "Pregue" em cada metade uma folha de louro e 2 dentes de cravo. **5.** Escorra o feijão. **6.** Cozinhe uma carne por vez, com metade do feijão e nova água com o bacon, a garganta, a orelha e o pé de porco. Junte o restante do feijão, o paio, a cebola e a laranja. Cozinhe. **7.** Descarte as metades de cebola e a laranja. À parte, refogue o alho no óleo até dourar. Junte algumas conchas de feijão. Ferva por 2 minutos e misture a feijoada. Retifique o tempero com sal. **8.** Sirva a feijoada com os acompanhamentos tradicionais: arroz branco, farofa, couve refogada e laranja em rodelas.

Polvo com jambu, *de Danilo Parah, RJ*

Casa Valduga 130 Brut Blanc de Noir, *para harmonizar*

Rendimento: 6 porções

INGREDIENTES

Polvo

- 1 cebola picada
- 1 cenoura picada
- 1 salsão picado
- 40 g de gengibre ralado
- 1 molho de capim-limão picado
- 1 pimenta-dedo-de-moça picada
- Sal grosso q.b.
- 1 polvo médio (de, aproximadamente, 2 kg)
- 1 fio de azeite de oliva

Molho de moqueca

- 150 g de azeite de dendê
- 1 kg de cebola
- 500 g de pimentão vermelho
- 500 g de pimentão amarelo
- 20 g de gengibre fresco
- 15 g de pimenta-dedo-de-moça sem sementes
- 250 ml de caldo de polvo
- 750 g de leite de coco
- 150 g de extrato de tomate
- Folhas de jambu a gosto
- 1 maço de coentro picado
- 25 ml de sumo de limão
- 10 gotas de tabasco
- 10 g de sal

Massa

500 g de conchiglioni

PREPARO

Polvo

1. Com exceção do sal grosso, do polvo e do azeite de oliva, coloque todos os demais ingredientes em uma panela. **2.** Cubra com água e leve ao fogo para ferver. **3.** Esfregue o sal grosso no polvo até que ele comece a espumar. Esse processo quebra as fibras do polvo e deixando-o mais macio. Passe-o na água para retirar o sal. **4.** Acrescente o polvo com as ventosas para cima no caldo. Abaixe o fogo. Tampe a panela e cozinhe por aproximadamente 45 minutos. **5.** Retire o polvo e leve para grelhar no azeite. Preserve o caldo do cozimento. **6.** Pique o polvo da maneira que preferir. Reserve.

Molho de moqueca

1. Em uma panela preaquecida, coloque o azeite de dendê. Quando o azeite mudar de cor, adicione as cebolas e os pimentões. **2.** Refogue até reduzir pela metade. Adicione o gengibre e a pimenta-dedo-de-moça e refogue até incorporar os aromáticos aos legumes refogados. **3.** Junte o caldo do cozimento do polvo e deixe os legumes absorverem um pouco do sabor. Abaixe o fogo e adicione o leite de coco. **4.** Cozinhe até reduzir 20% do molho. Acrescente o extrato de tomate, as folhas de jambu e o coentro. Deixe cozinhar por 5 minutos e desligue o fogo. **5.** Adicione o sumo de limão. Tempere com o tabasco e o sal. **6.** Bata o molho no liquidificador até obter uma mistura homogênea. Coe e reserve.

Massa

1. Cozinhe a massa em água fervente de 4 a 6 minutos. **2.** Escorra e leve para terminar o cozimento no molho de moqueca.

MONTAGEM

Disponha o polvo sobre a massa com o molho de moqueca. Sirva a seguir.

Atum marinado, relish de erva-doce e molho deviled eggs, *de Eugenio Mariotto, SP*

Primeira Estrada Carvalho Branco Nature, *para harmonizar*

Rendimento: 4 porções

INGREDIENTES

Atum

- 100 ml de azeite de oliva
- 200 ml de molho de soja
- Pimenta-malagueta picada a gosto
- Pimenta calabresa a gosto
- Pimenta-do-reino em grãos triturada na hora a gosto
- 500 g de atum

Relish de erva-doce

- 3 bulbos de erva-doce cortados finamente em meia-lua
- Folhas da erva-doce picadas finamente
- Salsinha picada
- 50 ml de azeite de oliva
- 2 cebolas roxas cortadas finamente em meia-lua
- 80 ml de vinagre branco
- 80 ml de sumo de limão
- 2 colheres (chá) de açúcar mascavo

Molho deviled eggs

- 4 gemas cozidas
- 3 colheres (sopa) de azeite de oliva
- 1 colher (chá) de sumo de limão
- 1 colher (chá) de mostarda de Dijon
- 1 pitada de pimenta caiena
- Sal e pimenta-do-reino a gosto

Montagem

Folhinhas frescas de basílico

PREPARO

Atum

1. Em uma travessa, misture todos os ingredientes da marinada. 2. Coloque o atum e deixe na geladeira por 24 horas. 3. Leve uma frigideira, de preferência antiaderente, ao fogo alto para aquecer. 4. Descarte a marinada. 5. Sele o atum por 30 segundos de cada lado deixando a parte externa bem dourada e o centro ainda cru. Deixe esfriar. 6. Fatie e reserve.

Relish de erva-doce

1. Misture os bulbos e as folhas de erva-doce, mais a salsinha. 2. Em uma frigideira antiaderente, salteie, no azeite, a cebola roxa. 3. Quando a cebola estiver translúcida, junte a mistura de erva-doce e salteie mais um pouco. 4. Abaixe o fogo, junte o vinagre e o limão. 5. Adicione o açúcar mascavo. 6. Misture e deixe cozinhar em fogo baixo, mexendo de vez em quando, até que a erva-doce esteja levemente macia. 7. Desligue o fogo e deixe esfriar.

Molho deviled eggs

1. Em um bowl, amasse as gemas com um garfo. 2. Com o auxílio de um hand mixer, incorpore o azeite, aos poucos. 3. Sempre batendo, adicione a mostarda e o limão. Bata até obter um molho cremoso e homogêneo. 4. Se a mistura quebrar, acrescente um pouco de vinagre branco. 5. Por último, tempere com o sal, a pimenta-do-reino e a pimenta caiena.

Montagem

1. Em um prato de serviço, faça uma caminha com o relish de erva-doce e coloque uma fatia de atum em cima. 2. Regue com o molho deviled eggs. 3. Decore com as folhinhas de basílico e sirva a seguir.

Risotto de radicchio com queijo blue e redução de jabuticaba, de Flávia Quaresma, RJ

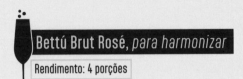

Bettú Brut Rosé, *para harmonizar*
Rendimento: 4 porções

INGREDIENTES

Arroz arbóreo

- 750 g de caldo de legumes (*ver a receita em "Caldos básicos"*)
- 50 g de azeite de oliva
- 80 g de cebola picada
- Sal e pimenta-do-reino a gosto
- 350 g de arroz arbóreo
- 120 g de vinho branco seco

Redução de jabuticaba

- 250 g de vinho tinto
- 30 g de açúcar
- 100 g de geleia de jabuticaba

Radicchio

- 120 g de radicchio cortado em tiras
- Azeite de oliva para refogar
- 25 g de açúcar
- 100 g de vinho
- 100 g de caldo de legumes (*ver a receita em "Caldos básicos"*)

Risoto

- 550 g de caldo de legumes (*ver a receita em "Caldos básicos"*)
- 80 g de queijo grana padano
- 100 g de queijo blue

- Sal e pimenta-do-reino a gosto
- Radicchio refogado

Finalização

- 20 g de pistache quebrado
- 80 g de queijo blue em pedaços
- Redução de jabuticaba

PREPARO

Arroz arbóreo

1. Aqueça o caldo de legumes. Em outra panela, refogue no azeite a cebola, sem deixar pegar cor. Tempere com sal e pimenta-do-reino. **2.** Quando a cebola estiver transparente, acrescente o arroz arbóreo, mexendo bem por 2 minutos, e, então, adicione o vinho branco. **3.** Deixe o vinho branco evaporar totalmente mexendo muito bem para ativar o amido do arroz. **4.** Aos poucos, vá adicionando o caldo de legumes, mexendo constantemente. **5.** Repita este processo até o finalizar todo o caldo. Reserve.

Redução de jabuticaba

1. Coloque em uma panela o vinho tinto e o açúcar. Leve ao fogo até levantar fervura. **2.** Após 2 minutos, abaixe o fogo e deixe reduzir quase a metade. **3.** Retire a panela do fogo e adicione a geleia. **4.** Volte a panela para o fogo e mexa até dissolver totalmente a geleia. **5.** Cozinhe por mais 2 minutos, passe por uma peneira e deixe esfriar. **6.** Passe a redução para uma "almotolia", tampe e conserve na geladeira.

Radicchio

1. Em uma panela, aqueça o azeite e refogue rapidamente o radicchio. **2.** Acrescente o açúcar e o vinho branco. Deixe levantar uma boa fervura. **3.** Quando o vinho evaporar, adicione o caldo de legumes e refogue até secar o líquido. Reserve.

Risoto

1. Aqueça o caldo de legumes. **2.** Em outra panela, coloque um pouco do caldo aquecido e acrescente o arroz arbóreo pré-cozido. **3.** Adicione mais caldo e siga mexendo até o arroz ficar al dente. **4.** Acrescente, então, o queijo grana padano, mexendo vigorosamente. Junte os pedaços de queijo blue, mexendo bem. **5.** Tempere com pimenta-do-reino e sal. **6.** Entre com o radicchio e siga mexendo até o arroz chegar ao ponto.

Finalização

1. Distribua o risoto em pratos fundos. **2.** Disponha os pedaços de queijo blue por cima e, em seguida, os pistaches. **3.** Finalize com traços da redução de jabuticaba.

> **Dica da chef:** se quiser parar o risoto e finalizar mais tarde, passe o arroz para uma assadeira, espalhe bem e, com uma colher, faça traços pelo arroz para facilitar a entrada de ar e, assim, interromper o cozimento do arroz.

Linguado com bacuri e baunilha, de Helena Rizzo, SP

UVVA Nature 2020, *para harmonizar*

Rendimento: 8 porções

INGREDIENTES

Azeite de baunilha-do-cerrado

- 1/2 fava de baunilha-do-cerrado
- 200 ml de óleo de girassol

Emulsão de bacuri

- 500 g de polpa de bacuri
- 500 g de água
- 100 g de açúcar
- 200 g de suco de bacuri
- 1,7 g de ágar-ágar
- 30 g de azeite de oliva

Montagem

- 500 g de filé de linguado
- Sal a gosto
- Fio de azeite de oliva
- Emulsão de bacuri
- Flor de sal a gosto
- Folhas e flores de capuchinha a gosto
- Fio de azeite de baunilha-do-cerrado

PREPARO

Azeite de baunilha-do-cerrado

1. Raspe as sementes da baunilha e coloque-as com a fava de molho no óleo de girassol por, no mínimo, 48 horas antes de usar. **2.** Reserve.

Emulsão de bacuri

1. Em uma panela, coloque a polpa de bacuri, a água e o açúcar, e leve ao fogo médio. Cozinhe por 30 minutos, sem deixar ferver. **2.** Coe em um chinois forrado com um pedaço de etamine. **3.** Leve o suco e o ágar-ágar ao fogo, mexendo bem até ferver. **4.** Transfira para uma jarra e resfrie em banho-maria invertido até endurecer. **5.** Bata com um mixer, formando um purê fino, sem grumos. **6.** Coloque em um bowl de inox e ponha sobre uma chapa para amornar. Emulsione com um fio de azeite. Reserve.

Montagem

1. Corte o linguado em oito filés e tempere esses com sal dos dois lados. **2.** Ponha-os em uma bolsa de plástico própria para cozimento a vácuo com um fio de azeite. **3.** Leve-os para cozinhar no termocirculador a 60 °C por, aproximadamente, 3 minutos, dependendo da espessura dos filés. **4.** Retire-os das bolsas e ponha-os por alguns segundos sobre a grelha bem quente da churrasqueira a carvão até os filés ficarem ligeiramente defumados. **5.** Sobre um prato, coloque um pouco da emulsão de bacuri. Ponha o filé no centro e finalize com a flor de sal, as folhas e flores de capuchinha e um fio de azeite de baunilha-do-cerrado.

Picadinho com tartar de banana, de Janaína Torres, SP

Santa Augusta Fenice Nature Champenoise 30 meses, *para harmonizar*

Rendimento: 2 porções

INGREDIENTES

Picadinho

- 400 g de filé-mignon
- 3 colheres (sopa) de azeite de oliva
- 2 colheres (sopa) de cebola branca
- 2 colheres (sopa) de manteiga
- Sal e pimenta-do-reino a gosto
- 2 colheres (sopa) de tomate sem pele e sem sementes
- 2 colheres (sopa) de ervilhas frescas
- Salsinha a gosto

Tartar de banana

- 2 bananas nanicas
- 2 colheres (sopa) de pimenta-biquinho
- 1 colher (sopa) de salsinha
- 1 colher (sopa) de cebolinha
- 2 colheres (sopa) de cebola roxa
- 50 ml de sumo de limão
- Azeite de oliva a gosto
- Sal a gosto

PREPARO

Picadinho

1. Pique a carne em pedaços pequenos. Faça isso usando a ponta de uma faca bem afiada. **2.** Em uma panela, coloque o azeite e junte a carne. Frite-a em fogo médio até dourar. **3.** Acrescente a cebola e a manteiga. Acerte o sal e a pimenta. **4.** Adicione o tomate e a ervilha, e mexa delicadamente. **5.** Por último, coloque a salsinha.

Tartar de banana

1. Pique as bananas em cubinhos. **2.** Em uma vasilha, adicione essas bananas picadas aos demais ingredientes. **3.** Mexa delicadamente para que as bananas não se desmanchem.

FINALIZAÇÃO

Sirva o picadinho com o tartar de banana acompanhados de arroz branco e um ovo frito.

> **Dica da chef:** se quiser, incremente a refeição levando à mesa caldinho de feijão e farinha de mandioca aquecida na manteiga.

Arroz de porco caipira, *de Jefferson Rueda, SP*

Abreu Garcia Brut Rosé Merlot, *para harmonizar*

Rendimento: 4 porções

INGREDIENTES

Caldo de porco

- 1 kg de ossos de porco (de preferência, do pé e da cabeça)
- 5 cebolas médias
- 5 talos de salsão
- 6 L de água
- Sal e pimenta-do-reino em grãos a gosto

Ragu de porco

- 200 g de copa-lombo cortada em cubinhos
- Sal e pimenta-do-reino moída a gosto
- Tomilho picado a gosto
- 2 colheres (sopa) de alho picado
- 50 ml de azeite de oliva
  - 100 g de manteiga
  - 150 g de repolho verde cortado em cubos do tamanho da copa-lombo
  - 500 ml do caldo de porco

Arroz de porco

- 60 ml de azeite de oliva
- 15 g de cebola picadinha
- 1 dente de alho picadinho
- 200 g de miniarroz (ou arroz comum)
- 300 g do ragu de porco
- 370 ml do caldo de porco
- Sal e pimenta-do-reino moída a gosto
- 50 g de manteiga

- Fio de óleo
- 250 g de filés de copa-lombo

Maionese de açafrão

- 50 ml de leite
- 20 g de alho
- Açafrão-da-terra (cúrcuma) a gosto
- 250 ml de óleo
- Sal a gosto

Montagem

- Brotos e flores de sua preferência a gosto

PREPARO

Caldo de porco

1. Coloque os ossos de porco em uma assadeira e leve ao forno preaquecido a 200 °C por 40 minutos. Retire do forno e reserve. **2.** Em uma assadeira, coloque as cebolas e leve ao forno preaquecido a 180 °C por 30 minutos. Retire do forno e transfira as cebolas para uma panela grande. **3.** Adicione os ossos assados, o salsão, a água, o sal e a pimenta-do-reino. Cozinhe em fogo baixo por 24 horas. **4.** Coe o caldo e leve ao fogo médio até reduzir pela metade. Esse processo leva cerca de 7 horas. **5.** Apague o fogo, acerte o sal e reserve.

Ragu de porco

1. Em um bowl, tempere a copa-lombo com o sal, a pimenta-do-reino, o tomilho e o alho picado. **2.** Aqueça o azeite e a manteiga em uma panela, e doure a copa-lombo por cerca de 10 minutos. **3.** Adicione o repolho e refogue. **4.** Acrescente o caldo de porco e deixe ferver por cerca de 30 minutos ou até que a carne fique bem macia e o caldo, reduzido. Reserve.

Arroz de porco

1. Em uma caçarola baixa (ou frigideira com tampa) em fogo alto, coloque o azeite, a cebola e o alho e mexa. **2.** Acrescente o miniarroz, o ragu e o caldo de porco. **3.** Tempere com o sal e a pimenta-do-reino. **4.** Tampe e deixe o arroz cozinhar por 10 minutos em fogo alto. **5.** Abaixe o fogo para médio e deixe cozinhar por mais 15 minutos tampado, mexendo de vez em quando até amaciar. Se necessário, acrescente mais caldo. Reserve. **6.** Em uma frigideira quente, derreta a manteiga com um fio de óleo e grelhe os filés de copa-lombo por mais ou menos 1 minuto de cada lado. **7.** Retire os filés e deixe descansar por cerca de 5 minutos sobre uma grade. **8.** Depois desse tempo, corte em fatias com 1 centímetro de espessura e reserve.

Maionese de açafrão

1. Com o mixer ou no liquidificador, bata o leite, o alho e o açafrão-da-terra por 1 minuto. **2.** Ainda batendo, acrescente o óleo em fio até ficar com uma consistência cremosa (em ponto de maionese). **3.** Tempere com sal, transfira para uma bisnaga e reserve na geladeira.

Montagem

1. Na caçarola com o arroz pronto, disponha as fatias de copa-lombo. **2.** Decore com gotas de maionese de açafrão e com os brotos e flores. Sirva em seguida.

Lasanha de berinjela, *de Jéssica Trindade, RJ*

Gheller Monte Azzurro Extra Brut, *para harmonizar*

Rendimento: 6 porções

INGREDIENTES

Molho pomodoro

- Azeite de oliva q.b.
- 1 cebola cortada em cubos grandes
- 4 dentes de alho amassados
- 1/2 pimenta-dedo-de-moça picada
- 70 g de mel
- 2 colheres (sopa) de vinagre balsâmico
- 3 colheres (sopa) de extrato de tomate concentrado
- 1 bouquet garni
- Talos de manjericão picados a gosto
- Noz-moscada ralada na hora a gosto
- Sal a gosto
- 1 kg de tomate pelado picado

Bolonhesa de berinjela

- 6 berinjelas cortadas em cubos pequenos
- Azeite de oliva q.b.
- 1 cebola picada
- 6 dentes de alho picados
- 1/2 pimenta-dedo-de-moça picada com sementes
- Sal e pimenta-do-reino a gosto
- 6 colheres (sopa) de molho pomodoro

Montagem

- Molho à bolonhesa
- 500 g de massa fresca para lasanha
- 2 copos de requeijão cremoso
- 200 g de muçarela ralada
- 1/2 xícara (chá) de parmesão ralado
- Folhas de basílico a gosto

PREPARO

Molho pomodoro

1. Sue, no azeite, a cebola, o alho e a pimenta-dedo-de-moça. **2.** Acrescente o mel, o vinagre, o extrato de tomate, o bouquet garni, o manjericão, a noz-moscada e o sal. Deixe refogar. **3.** Junte os tomates pelados. Cozinhe por 30 minutos em fogo baixo. **4.** Acerte os temperos. Reserve.

Bolonhesa de berinjela

1. Em uma frigideira bem quente, refogue a berinjela no azeite até dourar. **2.** Acrescente a cebola, o alho e a pimenta-dedo-de-moça. Tempere com sal e pimenta-do-reino. **3.** Adicione o molho pomodoro e deixe ferver.

Montagem

1. Preaqueça o forno a 180 °C. **2.** Em uma travessa refratária de 32 cm × 24 centímetros, distribua uma camada do molho à bolonhesa. **3.** Cubra com uma camada de massa. **4.** Sobre a massa coloque o requeijão e depois a muçarela. **5.** Repita o processo. **6.** Finalize com o queijo parmesão ralado. **7.** Leve ao forno por cerca de 25 minutos, ou até gratinar. **8.** Sirva com folhas de basílico.

Farofa de cuscuz, de João Diamante, RJ

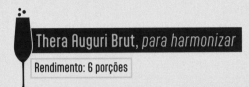

Thera Auguri Brut, *para harmonizar*
Rendimento: 6 porções

INGREDIENTES

- 300 g de farinha de milho flocada
- Sal a gosto
- 150 ml de água filtrada gelada
- 500 ml de água
- 400 g de carne de sol dessalgada
- 100 g de linguiça mineira
- 100 g de linguiça nordestina
- 300 g de toucinho defumado
- 300 g de queijo de coalho cortado em quadrados
- 50 ml de manteiga de garrafa
- 1 cebola média picada
- 3 a 5 dentes de alho picados
- 5 ovos
- Cebolinha picada a gosto
- Salsinha picada a gosto
- Coentro picado a gosto

PREPARO

1. Tempere a farinha com sal e hidrate-a com água filtrada gelada (para cada 100 g de farinha, utilize 50 ml de água). Leve à geladeira por 4 horas. **2.** Coloque a farinha em uma cuscuzeira com 500 ml de água na parte inferior. Tampe e deixe no fogo médio por 15 a 20 minutos. **3.** Fatie as carnes em cortes diferentes. Deixe pedaços grandes. **4.** Sele o queijo de coalho na frigideira. Reserve. **5.** Salteie as carnes com manteiga de garrafa na seguinte ordem: primeiro a carne de sol, depois as linguiças e, por último, o toucinho defumado. **6.** Quando as carnes estiverem caramelizadas, mas não bem passadas, adicione a cebola e o alho. **7.** Bata os ovos e adicione na frigideira. Mexa bem. **8.** Junte a farinha da cuscuzeira, misture e acrescente um fio de manteiga de garrafa. **9.** Adicione as ervas. **10.** Volte com o queijo de coalho reservado. **11.** Finalize com uma porção generosa de manteiga de garrafa.

Dica do chef: caso não tenha a cuscuzeira, use o escorredor de macarrão.

Siri marinado com caju, *de José Guerra Netto, SP*

Tenuta Foppa & Ambrosi Insolito Extra Brut Vintage Rosé, *para harmonizar*

Rendimento: 4 porções

INGREDIENTES

- 300 g de carne de siri limpa
- 200 g de caju cortados em tiras iguais
- 10 g de pimenta cambuci picada
- 5 g de coentro cortado em tiras longas e finas
- 30 g de cebola roxa cortada em tiras iguais
- 35 g de suco de limão-taiti
- 60 g de tomate-cereja cortado em 4 partes na vertical
- 4 gotas de tabasco
- 20 g de azeite de oliva extravirgem
- Sal e pimenta-do-reino a gosto
- Raspas de limão a gosto

PREPARO

1. Misture todos os ingredientes em um bowl. **2.** Mantenha refrigerado.

Dica do chef: sirva com pão ou torradinha.

Risoto de mexilhões frescos com azeite de limão-siciliano, de Juliana Amorim e Guilherme Tse Candido, SP

Victoria Geisse Extra Brut Vintage Rosé, *para harmonizar*

Rendimento: 2 porções

INGREDIENTES

- 30 ml de azeite extravirgem
- 2 dentes de alho picados
- 50 g de tomate sweet grape cortado em 4 partes
- 500 g de mexilhão fresco com casca
- 100 ml de vinho branco
- Casca de 1/2 limão-siciliano ralada fina
- 30 ml de azeite extravirgem
- 1/2 cebola picada
- 200 g de arroz arbóreo (ou carnaroli)
- Caldo de frutos do mar q.b.
  - 50 g de parmesão ralado
  - 20 g de manteiga
  - Sal e pimenta-do-reino a gosto
  - 1 ramo de salsinha picada

PREPARO

1. Em uma frigideira bem quente, coloque um fio do azeite, o alho e o tomate sweet grape. **2.** Adicione os mexilhões e metade do vinho branco. **3.** Tampe e aguarde todos os mexilhões abrirem. Deixe esfriar um pouco. **4.** Separe 4 mexilhões para decorar e pique o restante.

5. Reserve o caldo do cozimento. **6.** Em uma panelinha, toste levemente a casca de limão-siciliano ralada. Coloque o azeite, e deixe esquentar bem. Retire do fogo. Reserve. **7.** Doure, em parte do azeite de limão-siciliano, a cebola e o mexilhão picado. **8.** Acrescente o arroz arbóreo. Junte o restante do vinho branco e deixe secar. **9.** Adicione aos poucos o caldo de frutos do mar, sempre mexendo bem até que o arroz fique al dente. **10.** Acrescente o parmesão e depois a manteiga para dar o brilho e cremosidade. Tempere com o sal e a pimenta-do-reino. **11.** Finalize com a salsinha. Sirva o risoto com um fio do restante de azeite de limão-siciliano e por cima os mexilhões com casca reservados.

Filé de angus com feijão-branco ao vinho Jerez, de Lucas Dante, SP

Era dos Ventos Peverella, *para harmonizar*

Rendimento: 1 porção

INGREDIENTES

- 1 colher (sopa) de cebola roxa picada
- 1/2 colher (sopa) de manteiga
- 1 colher (sopa) de vinho Jerez
- 60 g de feijão-branco cozido
- 6 colheres (sopa) de caldo de legumes (*ver a receita em "Caldos básicos"*)
- 1 colher (sopa) de demi-glace
- 6 tomates-cereja confit
- 1/2 colher (sopa) de salsinha picada
- 1 colher (sopa) de creme de leite fresco
- 1 colher (sopa) de queijo ralado
- 200 g de filé de angus
  - Sal a gosto

PREPARO

1. Doure a cebola na manteiga. **2.** Flambe com o Jerez. **3.** Acrescente o feijão-branco cozido, o caldo de legumes e o demi-glace. **4.** Ferva por 5 minutos mexendo sempre para engrossar. **5.** Acrescente com os tomatinhos e a salsinha. **6.** Junte o creme de leite e deixe reduzir. **7.** Finalize com o queijo ralado. **8.** Tempere o filé de angus somente com sal e grelhe no ponto desejado.

MONTAGEM

Fatie o filé de angus e sirva ao lado do feijão-branco.

Albacora. Bolinho de arroz. Stratiatella. Arubé, de *Lydia Gonzalez, RJ*

Cão Perdigueiro Branco Nature, *para harmonizar*

Rendimento: 2 porções

INGREDIENTES

Albacora

- 180 g de albacora (ou outro peixe de sua preferência)
- Flor de sal a gosto
- 30 ml de azeite de oliva
- 80 g de stratiatella
- Mix de pimentas-do-reino moídas na hora a gosto

Arubé

- 100 g de massa de mandioca pubada
- 500 ml de tucupi
- Talos de 1 maço de coentro (ou 2 folhas de coentro de caboclo)
- 6 pimentas-de-cheiro do Pará
- 4 pimentas cumari sem sementes (ou 2 pimentas-malagueta)
- 2 pimentas dedo-de-moça sem sementes
- 10 g de pimenta-biquinho fresca
- 1 dente de alho grande
- Sal a gosto

Bolinho de arroz anã

- 2 xícaras (chá) de arroz anã cozido em água e sal
- 4 galhos de orégano fresco
- 40 g de salsinha fresca
- 50 g de parmesão
- 1 ovo grande

- Sal e pimenta-do-reino a gosto
- Óleo, para fritar

Base de tomates

- 1 tomate italiano bem maduro sem pele
- 25 g de azeite de oliva
- Flor de sal a gosto

Montagem

- Base de tomates
- 40 g de arubé
- Bolinho de arroz
- 2 cebolinhas frescas
- Zestes de mexerica ou limão-galego

PREPARO

Albacora

1. Tempere o peixe com flor de sal e azeite generoso. **2.** Ao lado do pescado, disponha 1 colherada de stratiatella e tempere também com azeite e pimentas moídas na hora.

Arubé

1. Cozinhe a massa pubada com o tucupi e todos os aromáticos e demais ingredientes até encorpar. **2.** Bata no liquidificador e armazene refrigerado para uso posterior.

Bolinho de arroz anã

1. Misture todos os ingredientes. **2.** Bata com uma colher, incorporando ar por alguns minutos ou até que a massa fique mais leve. **3.** Com o auxílio de duas colheres, molde as quenelles. **4.** Frite em óleo quente e escorra no papel-toalha. Rende, em média, 10 bolinhos.

Base de tomates

1. Rale o tomate grosseiramente e escorra na peneira. **2.** Tempere com o azeite e a flor de sal.

Montagem

1. Deite, no prato, 1 colher (sopa) generosa da base de tomates ralados e temperados. **2.** Fatie o peixe em sashimis e acomode-os sobre o tomate. **3.** Ao lado do peixe, deposite 1 colherada de arubé e, sobre esse, o bolinho de arroz ainda quente. **4.** Finalize com a cebolinha e os zestes para perfumar.

Pargo assado, farofa de camarão e castanhas portuguesas, legumes grelhados, de Meguru Baba, RJ

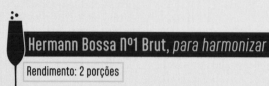

Hermann Bossa Nº1 Brut, *para harmonizar*

Rendimento: 2 porções

INGREDIENTES

Peixe

- 1,5 kg a 2 kg de pargo eviscerado com escamas
- Sal e pimenta-do-reino a gosto

Farofa de camarão e castanha portuguesa

- 200 g de camarão VM limpo
- 120 g de manteiga sem sal
- 80 ml de vinho branco seco
- 1 cebola média picada
- 4 dentes de alho picado
- 100 g de castanha portuguesa cozida, descascada e picada grosseiramente
  - 100 g de farinha de mandioca torrada
  - 1/2 xícara (chá) de salsinha picada
  - 1/2 xícara (chá) de coentro desfolhado
  - Sal e pimenta-do-reino a gosto

Legumes

- 500 g de batata bolinha com casca
- 1 abobrinha caipira
- 1 berinjela
- 100 ml de azeite extravirgem
- 1 cabeça de dentes de alho com casca

- 200 g de cebola pérola cortada ao meio
- 200 g de tomate sweet grape
- 1 limão-siciliano cortado ao meio
- Sal e pimenta-do-reino a gosto
- 1 ramo de tomilho

PREPARO

Peixe

1. O preparo pode ser feito com o peixe espalmado ou inteiro. Caso seja espalmado, retire a espinha abrindo pelas costas, mantendo as duas faces juntas pela barriga. Se preferir, peça ao seu peixeiro de confiança. **2.** Tempere o peixe com sal e pimenta-do-reino a gosto. **3.** Preaqueça o forno a 280 °C e leve o peixe para assar por 20 minutos.

Farofa de camarão e castanha portuguesa

1. Em um frigideira quente, sele rapidamente os camarões na manteiga. **2.** Flambe com vinho branco. Deixe evaporar o álcool e reserve. **3.** Na mesma frigideira, doure a cebola e o alho. **4.** Volte o camarão e coloque as castanhas picadas grosseiramente. **5.** Misture a farinha de mandioca e as ervas picadas. Ajuste o sal e a pimenta-do-reino.

Legumes

1. Cozinhe as batatas na água até que fiquem macias. **2.** Amasse levemente com as mãos deixando-as achatadas. Reserve. **3.** Corte a abobrinha e a berinjela ao meio e corte fatias de 1 centímetro na diagonal. **4.** Em uma frigideira com azeite, coloque os legumes, os dentes de alho, a cebola, o tomate e o limão com a face cortada para baixo. **5.** Deixe em fogo médio e grelhe bem os dois lados dos legumes até obter uma coloração caramelizada. **6.** Tempere com sal e pimenta-do-reino. Adicione o ramo de tomilho para aromatizar. Reserve.

Tropeiro do mar, de Mônica Rangel, RJ

Almaúnica Nature Rosé, *para harmonizar*

Rendimento: 4 porções

INGREDIENTES

- 200 g de feijão-branco
- 80 g de polvo
- 600 ml de caldo de peixe (*ver a receita em "Caldos básicos"*)
- 80 g de camarão médio
- 60 g de camarão de tamanho 21/30
- 40 g de sal grosso
- 20 g de bacon em cubos
- 20 g de cebola picada
- 12 g de alho amassado
- 1 pimenta-dedo-de-moça sem sementes picada
- 20 ml de azeite de oliva
- 80 g de lula em anéis
- Sal a gosto
- 10 g de cebolinha picada
  - 10 g de coentro em folha picado
  - Folhas de coentro picadas, para decorar

PREPARO

1. Deixe o feijão-branco de molho por, pelo menos, 12 horas. **2.** Limpe o polvo e leve a uma panela de pressão sem água por 15 minutos, contados depois que o pino começar a chiar. Espere esfriar. **3.** Retire o polvo e corte em cubos. Preserve a água do cozimento. **4.** Cozinhe o feijão-branco no caldo de peixe acrescido da água reservada do cozimento do polvo até ficar al dente. **5.** Drene o caldo somente depois que os feijões esfriarem. Descarte o caldo e reserve. **6.** Limpe os camarões médios, descartando totalmente as cascas. **7.** Coloque os camarões em sal grosso sem água, cubra e deixe descansar por 15 minutos. **8.** Em seguida, enxague-os bem, ponha de molho em água gelada, cubra e deixe descansar por mais 15 minutos. Drene e reserve. **9.** Limpe os camarões 21/30, preservando os rabos. **10.** Repita o procedimento de salga descrito na etapa anterior. **11.** Coloque o azeite em uma frigideira quente e frite os camarões 21/30 com o rabo, por cerca de 2 minutos de cada lado. Reserve. **12.** Em uma panela em fogo alto, frite o bacon e acrescente a cebola, o alho e a pimenta-dedo-de-moça. **13.** Quando dourar, acrescente os camarões médios e deixe que tomem cor. **14.** Adicione as lulas e frite-as ligeiramente para não endurecer. **15.** Tempere com sal a gosto. **16.** Acrescente o feijão-branco, o polvo e finalize com a cebolinha e o coentro.

MONTAGEM

Sirva o tropeiro com os camarões reservados por cima ou ao seu gosto.

Vinagrete de polvo, *de Monique Gabiatti, RJ*

Vita Eterna Pét Nat Rosé, *para harmonizar*
Rendimento: 6 porções

INGREDIENTES

- 200 g de polvo cozido em rodelas
- 50 g de tomate, sem pele e sem sementes, cortado em cubinhos
- 25 g de pimentão amarelo assado, sem pele e sem sementes, cortado em cubinhos
- 25 g de pimentão vermelho assado, sem pele e sem sementes, cortado em cubinhos
- 1 colher (sopa) de coentro picado
- 1 colher (sopa) de pimenta cambuci, sem sementes, picada
- 1 colher (sopa) de cebola roxa picada
- Raspa de limão-siciliano a gosto
- Sal a gosto
- 50 ml de azeite de alho assado
- 50 ml de suco de limão-siciliano

PREPARO

1. Misture bem todos os ingredientes. **2.** Leve para gelar por, no mínimo, 20 minutos.

Dica da chef: sirva com pão francês em rodelas ou com torradinhas.

Salada morna de grão-de-bico e camarões ao curry, *de Paula Prandini, RJ*

Hermann Lírica Brut, *para harmonizar*
Rendimento do molho: 6 porções | Rendimento da salada: 1 porção

INGREDIENTES

Molho

- 200 ml de molho de soja
- 200 ml de vinagre branco
- 100 ml de azeite de oliva
- 2 dentes pequenos de alho bem picados
- 1 colher (sopa) de óleo de gergelim
- 2 colheres (sopa) de molho de ostra

Salada

- 6 camarões limpos e sem o rabo
- Curry em pó a gosto
- Sal e pimenta-do-reino a gosto
- Azeite de oliva q.b.
- 150 g de grão-de-bico
- 1 colher (sopa) de espinafre refogado
- 1 colher (sopa) de manga picada
- Cebolinha e salsinha frescas picadas a gosto
- 2 tomates semidesidratados cortados ao meio
- Brotos de sua preferência a gosto

PREPARO

Molho

1. Misture todos os ingredientes até obter um molho homogeneizado.

Salada

1. Tempere os camarões com o curry, o sal e a pimenta-do-reino. Grelhe-os no azeite na frigideira quente. **2.** Esquente o grão-de-bico e o espinafre. **3.** Em um bowl, coloque o grão-de-bico, o espinafre, a manga, a cebolinha, a salsinha e o molho. Misture e transfira para um prato fundo. **4.** Adicione os tomates. **5.** Finalize com o camarão. Decore com os brotos.

Tartelete de caranguejo com funcho e laranja adocicada, *de Pedro Coronha, RJ*

Vinhas do Tempo Pét Nat Chardonnay 2023, *para harmonizar*

Rendimento: 25 unidades

INGREDIENTES

Mousse de caranguejo

- 600 g de caranguejo limpo
- 120 ml de leite de coco
- 15 ml de azeite de oliva
- 10 g de raspas de limão-siciliano
- Coentro picado a gosto
- 10 g de ciboulette
- Pimenta-dedo-de-moça picada a gosto

Tartelete

- 150 g de massa filo
- Manteiga clarificada para pincelar

Para a calda de açúcar

- 1 xícara (chá) de açúcar
- 1 xícara (chá) de água

Laranja adocicada

- 2 laranjas

Montagem

- Tartelete
- Mousse de caranguejo
- Laranja adocicada
- Funcho cortado bem fininho (em lâminas) a gosto

PREPARO

Mousse de caranguejo

1. Dessore a carne de caranguejo e bata junto com o leite de coco até obter uma consistência pastosa, mas ainda montada. **2.** Transfira para um bowl e tempere com os demais ingredientes. Reserve.

Tartelete

1. Corte quadrados de massa de 4 centímetros, pincele esses ligeiramente com manteiga clarificada e sobreponha-os de 2 em 2, de maneira que as pontas fiquem intercaladas. **2.** Pressione a massa dentro de forminhas de empada. **3.** Leve para assar em forno preaquecido a 160 °C por, aproximadamente, 10 minutos. **4.** Deixe esfriar e desenforme. Reserve.

Calda de açúcar

1. Dissolva todo o açúcar na água antes de levar a calda ao fogo. **2.** Reduza até obter uma textura de calda fina.

Laranja adocicada

1. Descasque as laranjas e corte os gomos em cubinhos. **2.** Remova a parte branca encontrada entre os gomos. **3.** Mergulhe na calda de açúcar e reserve.

Montagem

1. Recheie as tarteletes com a mousse de caranguejo. **2.** Adicione pedacinhos da laranja adocicada. **3.** Para finalizar, disponha delicadamente as lâminas de funcho.

Polvo grelhado, cuscuz com bacon, grãos e pó de carvão vegetal, *de Pedro Siqueira, RJ*

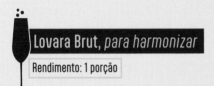

Lovara Brut, *para harmonizar*
Rendimento: 1 porção

INGREDIENTES

Mirepoix

- 2 colheres (sopa) de azeite de oliva
- 80 g de cebola cortada em cubinhos
- Sal a gosto
- 40 de cenoura cortada em cubinhos
- 40 g de salsão cortado em cubinhos
- 300 ml de vinho branco

Polvo

- 500 g de polvo
- Mirepoix

Cuscuz

- 100 g de bacon cortado em cubinhos
- Caldo de legumes para hidratar *(ver a receita em "Caldos básicos")*
- 100 g de cuscuz marroquino
- Sal a gosto
- 10 g de sementes de abóbora ligeiramente tostadas
- 10 g de sementes de amendoim ligeiramente tostadas
- 10 g de sementes de gergelim ligeiramente tostadas
- 10 g de sementes de girassol ligeiramente tostadas
- 10 g de sementes de linhaça ligeiramente tostadas
- Sumo de limão-siciliano a gosto
- 100 ml de azeite de oliva

Pó de carvão vegetal

- Salsinha a gosto
- Coentro a gosto
- Manjericão a gosto
- Hortelã a gosto

PREPARO

Mirepoix

1. Leve uma frigideira ao fogo médio. Quando aquecer, regue com 1 colher (sopa) de azeite, acrescente a cebola e tempere com uma pitada de sal. **2.** Refogue por 2 minutos até murchar. Junte a cenoura e o salsão e refogue por mais 1 minuto. **3.** Acrescente o restante do azeite, misture bem. **4.** Adicione o vinho branco. **5.** Deglaceie.

Polvo

1. Junte o polvo ao mirepoix e deixe cozinhar por, aproximadamente, 20 minutos. Fique atento ao tempo de cozimento. Se for cozido de mais, o polvo pode ficar duro, se for cozido de menos, pode ficar borrachudo. **2.** Retire o polvo e dê um choque térmico em água com gelo para interromper o cozimento.

Cuscuz

1. Puxe o bacon na frigideira até ficar crocante. Reserve a gordura do bacon. **2.** Ferva o caldo de legumes, acrescente sal e um pouco da gordura do bacon. Retire do fogo. **3.** Hidrate o cuscuz com o caldo. **4.** Junte as sementes tostadas. **5.** Tempere com gotas de limão e azeite. **6.** Cubra com um pano e deixe descansar.

Pó de carvão vegetal

1. Envelope as ervas em papel-alumínio. **2.** Leve ao forno a 200 °C por 40 minutos. **3.** Coloque as ervas no liquidificador e bata bem até virar pó.

MONTAGEM

Disponha o polvo sobre o cuscuz. Finalize com o pó de carvão vegetal.

Meliponário nativo, *de Rafael Aoki, SP*

Suzin Champenoise Dona Arlene 2016, *para harmonizar*

Rendimento: 8 porções

INGREDIENTES

Mousse de mel

- 120 g de mel de du
- 440 g de creme de leite
- 80 g de chocolate 33,6%
- 60 g de gema pasteurizada

Cremeux de chocolate gold

- 350 g de creme de leite
- 50 g de mel de guaraipo
- 60 g de gema
- 360 g de chocolate gold

Coalhada de pólen

- 2 kg de leite
- 8 g de pólen de tiúba

Tuille de mel

- 50 g de manteiga
- 50 g de mel de borá
- 50 g de farinha
- 50 g de clara

Honeycomb

- 160 g de açúcar
- 60 g de glucose
- 25 g de mel boca de renda
- 7,5 g de bicarbonato de sódio

Montagem

- 10 g de mel de mandaçaia
- 1 g de pólen de jataí
- 2 flores de mel

PREPARO

Mousse de mel

1. Coloque o mel com 120 g do creme de leite em uma panela e leve ao fogo, até reduzir pela metade. **2.** Homogeneíze com o chocolate e, na sequência, com as gemas. **3.** Retire do fogo e resfrie na geladeira até alcançar 30 °C. **4.** Bata o restante do creme de leite na batedeira, com o globo, até atingir textura de chantili. **5.** Incorpore o creme de leite batido, em três partes, com a base de mel. **6.** Coloque a mousse na fôrma de silicone e leve ao freezer até congelar.

Cremeux de chocolate gold

1. Coloque o creme de leite em uma panela e leve para ferver. **2.** Em um bowl, bata o mel com a gema, utilizando um fouet, até esbranquiçar. **3.** Tempere a base de gema e mel com o creme de leite e volte ao fogo, mexendo sempre com o fouet, até chegar a 82 °C. **4.** Retire a panela do fogo e homogeneíze o chocolate nessa mistura com um mixer de mão. **5.** Reserve na geladeira até esfriar completamente.

Coalhada de pólen

1. Aqueça o leite em uma panela, até atingir 85 °C. **2.** Retire o leite do fogo e incorpore o pólen. **3.** Leve essa mistura para um pote hermético e deixe fermentar por 7 dias. **4.** Depois disso, disponha essa coalhada em uma peneira com um pano limpo e deixe escorrer por 24 horas na geladeira.

Tuille de mel

1. Derreta a manteiga e deixe esfriar em temperatura ambiente. **2.** Misture todos os demais ingredientes e homogeneíze com um fouet, até a massa tornar-se lisa. **3.** Coloque essa massa na fôrma de silicone e asse a 175 °C por 10 minutos.

Honeycomb

1. Leve o açúcar com a glucose e o mel ao fogo, mexendo sempre com o fouet, até atingir 147 °C. **2.** Desligue o fogo, adicione o bicarbonato de sódio e mexa bem com o fouet, até incorporar todo o bicarbonato. **3.** Verta essa mistura em um tapete de silicone e deixe esfriar em temperatura ambiente.

Montagem

1. Desinforme a mousse de mel e coloque no prato. **2.** Esquente uma colher na água quente, retire uma quenelle do cremeux de chocolate gold e posicione do lado direito da mousse de mel. **3.** Coloque a coalhada em uma manga de confeitar e, ao lado do cremeux de chocolate gold, faça uma "montanha" de coalhada. **4.** Faça um furo no centro com uma colher molhada. **5.** Corte o honeycomb em pedaços pequenos e coloque do lado esquerdo da mousse de mel. **6.** Desenforme a tuille e coloque sobre a mousse de mel. **7.** Acrescente o mel de mandaçaia no furo feito na coalhada. **8.** Finalize com o pólen e decore com as flores de mel.

Croqueta de cogumelos, *de Tássia Magalhães, SP*

Guatambu Nature Blanc de Noir Brut, *para harmonizar*

Rendimento: 25 unidades

INGREDIENTES

Croquete de funghi

- 55 g de funghi seco
- 570 g de leite integral
- 80 g de cebola cortada em cubinhos
- 35 g de manteiga
- 200 g de farinha de trigo
- 6 g de sal
- 1 g de pimenta-do-reino
- 1 g de noz-moscada
- 1 ovo
- 150 g de farinha panko
- Óleo, para fritar

Maionese de nirá

- 60 g de gema
- 3 g de sumo de limão-taiti
- 200 g de óleo de girassol
- Sal a gosto
- 5 g de alga nirá picado

PREPARO

Croquete de funghi

1. Hidrate o funghi com leite quente. **2.** Refogue a cebola na manteiga até ficar transparente. **3.** Adicione 50 g da farinha de trigo e cozinhe até ficar dourada. **4.** Coe o funghi preservando o leite. Corte o funghi em pedaços pequenos. **5.** Aos poucos, coloque o leite na mistura de farinha. **6.** Mexa com o auxílio de um fouet até ficar com uma consistência cremosa. Junte o funghi. Finalize com o sal, a pimenta-do-reino e a noz-moscada. **7.** Coloque a massa em um bowl com plástico filme e guarde na geladeira. Quando a massa estiver fria, divida a massa em croquetas de 20 g cada uma delas. **8.** Passe as croquetas pelo restante da farinha de trigo e bata com as mãos para retirar o excesso; mergulhe no ovo batido com uma pitada de sal e deixe escorrer bem o excesso; passe pela farinha panko e pressione bem com a mão para cobrir toda a superfície. **9.** Em uma frigideira, coloque o óleo e leve ao fogo médio para aquecer. Quando o óleo estiver bem quente, coloque cuidadosamente seis croquetas para fritar de cada vez. **10.** Com uma escumadeira, vire as croquetas para que os dois lados dourem por igual. **11.** Quando estiverem douradas, retire-as do óleo com a escumadeira e transfira para um prato forrado com papel-toalha.

Maionese de nirá

1. Bata a gema e o sumo de limão com um fouet. **2.** Derrame o óleo de girassol aos poucos, em fio contínuo, batendo sempre até emulsionar. **3.** Finalize com o sal e o nirá.

MONTAGEM

Sirva as croquetas de cogumelo com um potinho da maionese ao lado.

Ostras com maçã verde, pepino, jalapeño e dill, *de Thais Alves, SP*

Cave Geisse Blanc de Noir Brut, *para harmonizar*

Rendimento: 12 unidades

INGREDIENTES

Azeite de dill

- 40 g de espinafre
- 20 g de folhas de dill (ou de erva-doce)
- 100 ml de azeite de oliva

Vinagrete de maçã e pepino

- 10 folhas de coentro
- 1 pimenta jalapeño sem sementes
- 2 maçãs verdes descascadas
- 2 pepinos descascados
- Sal a gosto
- Gotas de limão a gosto

Montagem

- 12 ostras
- Vinagrete de maçã e pepino
- Azeite de dill
- Flor de sal a gosto
- Folhinhas de dill a gosto, para decorar

PREPARO

Azeite de dill

1. Em uma panela grande, coloque água para ferver. **2.** Desfolhe o espinafre e retire os talos mais grossos do dill. **3.** Mergulhe as folhas na água fervente para branquear. **4.** Depois de 30 segundos a 1 minuto, retire as folhas (essas devem estar firmes) da água, escorra-as bem e mergulhe-as na água com gelo. **5.** Volte a escorrê-las. Aperte as folhas ligeiramente com as mãos. **6.** Com um pano limpo, torça pequenas porções das folhas branqueadas até que fiquem bem secas. **7.** Corte as folhas para que fiquem mais fáceis de processar. **8.** Aqueça o azeite a 50 °C. **9.** Coloque no liquidificador o azeite quente e as folhas escorridas, e bata na velocidade alta por 2 minutos, até que as folhas fiquem bem trituradas. **10.** Passe por uma peneira com um pano de prato limpo. **11.** Guarde o azeite e descarte as folhas.

Vinagrete de maçã e pepino

1. Leve para ferver as folhas de coentro e a pimenta jalapeño. **2.** Quando levantar fervura, desligue o fogo, tampe a panela e deixe infusionar por 10 minutos. Em seguida, coe e esfrie o líquido. **3.** Corte a maçã em cubinhos, desprezando o miolo com as sementes, e coloque-os na água com limão para não escurecerem. **4.** Repita o processo com os pepinos, também desprezando as sementes. **5.** Escorra-os da água com limão e mergulhe-os na infusão feita anteriormente por 1 hora. **6.** Assim que esses tiverem impregnado o sabor, escorra da infusão e transfira para outro bowl, para finalizar. **7.** Ajuste o sal. **8.** Coloque algumas gotas de limão para ajustar a acidez, se necessário.

Montagem

1. Com cuidado, abra cada uma das ostras, usando uma faca. **2.** Coloque uma boa colherada do vinagrete de maçã e pepino na ponta das ostras. **3.** Derrame umas gotinhas de azeite de dill. **4.** Finalize com uma pitada de flor de sal. **5.** Decore com uma folhinha de dill.

> **Dica da chef:** para cortar em cubos perfeitos como profissional, primeiro faça lâminas de 0,5 centímetro de espessura, depois fatie as lâminas em tiras da mesma espessura e, em seguida, corte as tiras para ter os cubinhos.

Ricota Charco, de Tuca Mezzomo, SP

Garbo Evoluto Sur Lie Rosé Brut, *para harmonizar*

Rendimento: 500 gramas

INGREDIENTES

Ricota de creme de leite fresco

- 500 g de creme de leite fresco
- 1 L de leite fresco
- 15 g de sal
- 70 g de vinagre de vinho branco

Pupunha na brasa

- 250 g de coração de pupunha
- 25 g de azeite de oliva
- 10 g de sal fino

Karasumi Charco

- Sal q.b.
- Açúcar q.b.
  - 2 ovas de tainha limpas
  - 100 ml de saquê

PREPARO

Ricota de creme de leite fresco

1. Aqueça o leite e o creme de leite com o sal, até levantar fervura. **2.** Adicione o vinagre para que talhe. **3.** Deixe esfriar em temperatura ambiente. **4.** Coloque em uma peneira com um pano ou guardanapo para que sore e fique apenas o sólido. **5.** Guarde na geladeira. Após 24 horas dessorando, a ricota estará pronta.

Pupunha na brasa

1. Asse a pupunha embrulhada em papel-alumínio com azeite e sal, no forno preaquecido a 180 °C, por 30 minutos. **2.** Quando essa estiver assada, toste-a bem até que seus dois lados fiquem bem dourados.

Karasumi Charco

1. Faça uma mistura com o sal e o açúcar. **2.** Cubra as ovas com essa mistura por completo. Deixe secar por 3 dias. Será criada uma película e ficará mais fácil o manuseio. **3.** Limpe as ovas para retirar o excesso de sal e açúcar. Guarde-as abertas na geladeira. **4.** Pincele-as com saquê diariamente, dos dois lados, durante 30 dias. Depois disso, estarão prontas. **5.** Sirva as ovas acompanhadas da ricota e da pupunha fatiada.

SUL

Coxinha de galinha com jiló e linguiça Blumenau, *de André Vasconcelos, SC*

Vinícola Ferreira Les Nuages de Noir 2022, *para harmonizar*

Rendimento: 20 unidades

INGREDIENTES

Galinha

- 40 g de banha de porco
- 750 g de coxa de galinha caipira
- 250 g de cenoura cortada em rodelas
- 150 g de cebola branca em pétalas
- 100 g de salsão picado
- 50 g de funcho picado
- 10 folhas de louro
- 10 cravos-da-índia

Recheio

- 10 g de alho picado
- Azeite de oliva para dourar
- 100 g de jiló cortado em cubinhos
- Sal a gosto
- 100 g de linguiça Blumenau bem picada sem tripa
- Galinha desfiada com a cenoura amassada
- 100 ml do caldo de galinha
- 30 g de farinha panko

Massa

- 250 g de batata cozida e passada na peneira
- 375 ml de caldo de frango (*ver a receita em "Caldos básicos"*)
- 15 g de sal marinho

- 35 g de banha de porco
- 150 g de farinha de trigo

Montagem

- 100 g de farinha de trigo
- 2 ovos
- 20 ml de água
- 5 g de sal
- 100 g de farinha panko
- 1 L de óleo de algodão

PREPARO

Galinha

1. Derreta a banha em uma panela de pressão. Doure as coxas na banha. **2.** Em seguida, adicione os demais ingredientes e doure por 15 minutos. **3.** Acrescente água e cozinhe por 15 minutos depois de pegar a pressão. **4.** Peneire o caldo. Remova toda a gordura da superfície. Reserve esse caldo de galinha. **5.** Separe a cenoura e amasse-a bem. **6.** Desfie as coxas e misture com a cenoura amassada. Reserve.

Recheio

1. Doure o alho no azeite. **2.** Acrescente o jiló e o sal, e refogue rapidamente. Retire do fogo. **3.** Incorpore a linguiça e a galinha desfiada misturada com a cenoura amassada. **4.** Adicione o caldo de galinha reservado e a farinha panko. Amasse bem para incorporar. **5.** Acerte o sal.

Massa

1. Em uma panela de fundo grosso, dilua a batata no caldo de frango. **2.** Tempere com sal, coloque a banha e leve ao fogo. Quando levantar fervura, junte a farinha de trigo de uma vez e incorpore rapidamente. **3.** Cozinhe por 3 minutos, até soltar da panela. **4.** Coloque a massa em uma tábua e deixe esfriar um pouco. **5.** Sove a massa por 5 minutos até que fique bem lisa. **6.** Envolva a massa em plástico filme e reserve.

Montagem

1. Porcione a massa em 20 bolinhas de 40 gramas cada uma delas. **2.** Com o dedo indicador, faça uma cavidade na massa de modo que as paredes internas não fiquem muito finas. **3.** Coloque uma porção do recheio e feche a massa e modele no formato de coxinha. **4.** Passe as coxinhas pela farinha de trigo e bata com as mãos para retirar o excesso; mergulhe nos ovos batidos com água e sal e deixe escorrer bem o excesso; passe pela farinha panko e pressione bem com a mão para cobrir toda a superfície. **5.** Em uma frigideira, coloque o óleo e leve ao fogo médio para aquecer. Quando o óleo estiver bem quente, frite as coxinhas aos poucos. **6.** Com uma escumadeira, vire as coxinhas para que os dois lados dourem por igual. Quando estiverem douradas, retire-as do óleo com a escumadeira e transfira para um prato forrado com papel-toalha.

Nhoque dos Kristensen, *de Carlos Kristensen, RS*

Cave Amadeu Laranja Nature, *para harmonizar*

Rendimento: 5 porções

INGREDIENTES

Nhoque

- 1 kg de batata asterix
- 2 gemas de ovos caipiras
- 70 g de manteiga derretida
- 1 colher (chá) de sal
- 100 g de queijo parmesão ralado fino
- Noz-moscada ralada a gosto
- Pimenta-do-reino moída fina a gosto
- 150 g de farinha de trigo

Molho de frango

- 1 cebola grande
- 2 dentes de alho
- 700 g de sobrecoxa de frango sem osso e sem pele
- 1 kg de tomate picado
- Sal a gosto
- 3 folhas de louro
- Noz-moscada moída a gosto
- Pimenta vermelha a gosto
- 1/2 maço de manjericão

PREPARO

Nhoque

1. Cozinhe as batatas no vapor. **2.** Esmague-as com um espremedor de batata logo após seu cozimento. Espalhe em uma fôrma para esfriar. **3.** Misture as gemas com a manteiga e espalhe sobre a batata amassada. **4.** Adicione o sal. Misture o queijo, a noz-moscada e a pimenta e polvilhe sobre a batata. **5.** Acrescente a farinha de trigo. Use a quantidade suficiente para dar liga. **6.** Misture todos os ingredientes lentamente com as mãos até a massa ficar homogênea. Coloque essa massa sobre uma bancada enfarinhada. **7.** Corte pequenos pedaços e forme rolos finos (aproximadamente, de 1 centímetro a 1,5 centímetro de espessura), e corte esses rolos finos em pequenos pedaços (de 1 centímetro). **8.** Espalhe farinha sobre esses para não grudar. **9.** Ferva água em uma panela larga, adicione sal e cozinhe o nhoque em pequenas quantidades de cada vez. **10.** Retire com escumadeira assim que o nhoque flutuar.

Molho de frango

1. Refogue a cebola e o alho. Em seguida, refogue o frango junto por alguns instantes. **2.** Acrescente o tomate, misture bem. Junte o sal, o louro, a noz-moscada, a pimenta e o manjericão. **3.** Adicione água, tampe a panela e cozinhe por 2 horas em fogo baixo, mexendo ocasionalmente.

MONTAGEM

Monte alternando camadas de nhoque, molho e queijo parmesão em um recipiente adequado.

Ostras gratinadas ao zabaione de espumante, de Claudia Krauspenhar, SC

Legado Flair Brut 2018 Lote 2, *para harmonizar*

Rendimento: 12 unidades

INGREDIENTES

- 4 gemas de ovo
- 30 ml de espumante Flair Brut
- 200 g de manteiga clarificada
- 100 ml de creme de leite fresco gelado
- Raspas de limão-siciliano a gosto
- Sal a gosto
- 12 ostras frescas

PREPARO

1. Em um bowl sobre uma panela com água fervente, misture as gemas com o espumante, cozinhando em banho-maria enquanto bate constantemente com um fouet. **2.** Acrescente a manteiga clarificada em fio, de maneira lenta e contínua, sem parar de mexer, até incorporar. Tempere com sal. Reserve. **3.** Bata o creme de leite até obter uma textura consistente. **4.** Incorpore delicadamente ao zabaione. Tempere com sal e adicione as raspas de limão-siciliano. **5.** Preaqueça o forno a 200 °C/230 °C. Em uma assadeira, disponha as ostras fechadas e leve ao forno por 2 minutos. Ao retirá-las do forno, essas abrirão facilmente. **6.** Em seguida, coloque o zabaione sobre as ostras e retorne ao forno para gratinar.

Refogado de milho crioulo, *de Giordano Tarso, RS*

Cave Geisse Blanc de Blanc Brut, *para harmonizar*

Rendimento: 6 porções

INGREDIENTES

Refogado de milho crioulo

- 50 ml de azeite de oliva
- 70 g de cebola
- 10 g de alho assado
- 350 g de milho-verde
- 5 g de sal
- 1 g de pimenta-do-reino
- 5 g de salsinha

Espuma de milho-verde crioulo

- 30 ml de azeite de oliva
- 150 g de cebola
- 30 g de alho assado
- 600 g de milho-verde
- 8 g de sal
- 3 g de pimenta-do-reino
- 125 ml de água
- 250 g de creme de leite

Crocante de polenta

- 100 g de farinha de milho
- 700 ml de caldo de galinha
- 4 g de sal
- 150 g de clara de ovo

Ovo molet
- 10 ovos
- Sal e pimenta-do-reino a gosto

PREPARO

Refogado de milho crioulo

1. Em uma panela, coloque o azeite e refogue a cebola e alho até ficarem dourados. **2.** Acrescente os grãos de milho e refogue até ficarem dourados. **3.** Finalize com sal, pimenta e salsinha fresca.

Espuma de milho-verde crioulo

1. Em uma panela, coloque o azeite e refogue a cebola e o alho até ficarem dourados. **2.** Acrescente o milho e refogue mais 1 minuto. **3.** Junte o restante dos ingredientes e deixe cozinhar em fogo baixo por 2 minutos mexendo sempre. **4.** Espere a mistura esfriar 15 minutos e bata no liquidificador por 5 minutos. Se necessário, acrescente mais um pouco de água. **5.** Peneire para tirar os grumos e coloque em um sifão. Adicione uma carga de gás e agite bem antes de usar o sifão. **6.** Aqueça em banho-maria, sem ferver, antes de servir.

Crocante de polenta

1. Em uma panela, adicione a farinha de milho, o caldo de galinha e o sal e cozinhe por 40 minutos. Espere esfriar. **2.** Coloque a mistura em um mixer e bata com a clara de ovo até obter uma consistência homogênea. **3.** Espalhe de maneira bem fina em uma ou mais assadeiras e asse em forno preaquecido a 140 °C por 40 minutos até ficar crocante.

Ovo molet

1. Leve uma panela com água ao fogo médio para ferver. **2.** Com a ajuda de uma colher, mergulhe os ovos na água. **3.** Cozinhe esses por 5 minutos e 30 segundos. Esfrie imediatamente e descasque-os com cuidado. **4.** Na hora de servir, ferva a água, retire a panela do fogo e mergulhe os ovos por 1 minuto.

MONTAGEM

Coloque 1 colher generosa do milho refogado no fundo do prato, fazendo uma cama para o ovo que vem logo em seguida. Tempere o ovo com sal e pimenta-do-reino. Cubra com a espuma de milho. Regue com um fio de azeite. Finalize com pedaços do crocante de polenta.

Lagostim e bucho, *de Manu Buffara, PR*

Vivente Pét Nat Glera/Chardonnay 2020, *para harmonizar*

Rendimento: 6 porções

INGREDIENTES

Caldo de lagostim

- 1,2 kg de cabeça (sem os olhos) e casca de lagostim
- 4,2 L de água
- 200 g de gengibre picado

Caldo de camarão

- 1,4 kg de camarão com casca e sem cabeça
- 50 g de tomilho
- 3,2 L de caldo de lagostim

Cebola assada

- 1 cebola média com a casca

Bucho

- 1 kg de bucho limpo e lavado cortados em tiras
- 2 L de água
- 15 ml de vinagre de arroz
- 20 ml de óleo de soja
- 4 cebolas picadas
- 15 g de alho picado
- 15 g de salsinha
- 15 g de coentro
- 4 folhas de louro
- Sal a gosto
- 3 L de água

Lagostim

- 1 lagostim limpo cortado em cubinhos
- Raspas de 1/2 limão-siciliano
- 2,5 g de raspas de gengibre

Azeite de coco com café

- 200 ml de óleo de coco
- 40 g de café em grãos

PREPARO

Caldo de lagostim

1. Seque as cabeças e as cascas de lagostim em uma panela no fogo médio. **2.** Acrescente a água e o gengibre. **3.** Abaixe o fogo e reduza um litro de caldo sem levantar fervura.

Caldo de camarão

1. Bata o camarão no liquidificador. **2.** Incorpore o tomilho. **3.** Leve a mistura para cozinhar em fogo baixo, adicionando o caldo de lagostim aos poucos, sem levantar fervura. **4.** Passe numa peneira bem fina. **5.** Coe com um pano para retirar ainda mais as impurezas. O caldo está pronto.

Cebola assada

1. Leve a cebola para assar em forno a 180 °C por, aproximadamente, 1 hora e 20 minutos. **2.** Descasque a cebola. **3.** Corte-a ao meio na vertical, em pétalas, a fim de que possam ser separadas para receber o recheio de lagostim.

Bucho

1. Deixe o bucho de molho na água com vinagre por 15 minutos. Enxague e reserve. **2.** Doure no óleo a cebola e o alho. **3.** Acrescente o bucho e doure mais um pouco. **4.** Adicione as ervas, o sal e, por fim, a água. **5.** Cozinhe em fogo baixo por, aproximadamente, 2 horas e 30 minutos. O bucho deve ficar macio.

Lagostim

1. Tempere o lagostim com as raspas de limão e de gengibre. **2.** Reserve.

Azeite de coco com café

1. Coloque em um saco a vácuo o óleo e os grãos de cafés pilados. **2.** Leve ao *sous vide* a 70 °C por 1 hora. **3.** Depois coloque em um filtro de café para coar.

MONTAGEM

Arrume algumas tirinhas de bucho em um prato fundo. Coloque as pétalas de cebola recheada apoiadas nelas. Pingue algumas gotas de azeite de coco com café. Sirva o caldo aquecido em uma jarra à parte.

Tagliarini na manteiga com trufa Sapucay, de Marcelo Sulzbacher, RS

Santa Augusta Moscatel, *para harmonizar*
Rendimento: 3 porções

INGREDIENTES

- 1 L de água
- 10 g de sal
- 250 g de tagliarini fresco (ou seco)
- 1 colher (sopa) de manteiga
- 2 colheres (sopa) de azeite de oliva
- 1 cebola pequena picada
- 125 ml de espumante Santa Augusta Moscatel
- 200 ml de creme de leite fresco
- Sal a gosto
- Pimenta-do-reino (opcional)
- 1 trufa Sapucay cortada em lâminas

PREPARO

1. Ferva a água, coloque o sal e a massa. Deixe cozinhar por 8 minutos. Escorra sem eliminar toda a água. **2.** Em uma frigideira, aqueça a manteiga e o azeite. Frite a cebola em fogo médio até ficar caramelizar. **3.** Acrescente o espumante e deixe evaporar. **4.** Coloque o creme de leite e cozinhe por 5 minutos. **5.** Adicione a massa cozida. Acerte o sal, se necessário, e a pimenta-do-reino, caso deseje. **6.** Disponha o tagliarini no prato e finalize com a trufa Sapucay em lâminas. Sirva a seguir.

Dica do chef: tenha cuidado com os ingredientes na hora de elaboração da massa. Procure não adicionar insumos marcantes como alho ou parmesão. Trufas têm sabores únicos e muitas vezes delicados.

Arca de Noé submarina, de Narbal Corrêa, SC

Thera Anima Brut Lote 1, *para harmonizar*
Rendimento: 6 porções

INGREDIENTES

- 1 limão-siciliano
- 1 colher (sopa) de açúcar
- 1 colher (sopa) de cebola roxa picada em cubos de 1 mm
- 30 g de sagu
- 2 dentes de alho bem picados
- 3 colheres (sopa) de azeite de oliva
- 6 camarões médios sem casca e limpos
- 1 lula média cortada em 6 anéis
- 3 cabeças de lulas cortadas ao meio
- 1 tentáculo de polvo pequeno cozido e cortado em 6 pedaços
- Sal e pimenta-do-reino moída na hora a gosto
- Folhas de ora-pro-nóbis (pode ser ainda couve ou alho-poró)
- Óleo para fritar
- Sal a gosto
    - 6 conchas de vieiras, para a montagem
    - 6 ostras frescas cozidas
    - 6 mexilhões frescos cozidos
    - 6 gônadas de ouriço
    - Molho tarê a gosto, para regar

PREPARO

1. Na véspera, prepare uma conserva de cebola misturando o suco de limão com o açúcar e a cebola roxa. Mantenha essa mistura em temperatura ambiente por 24 horas. **2.** Peneire a conserva e guarde a cebola e o líquido separadamente na geladeira. **3.** No dia seguinte, cozinhe o sagu em água abundante por 20 minutos, cuidando para que o centro fique branco. **4.** Escorra o sagu em uma peneira e lave-o bem em água corrente até só restarem os grãos. **5.** Coloque o sagu em um bowl, regue com o líquido reservado da conserva de cebola e deixe descansar. **6.** Em uma frigideira, doure o alho em 2 colheres de azeite. **7.** Junte os camarões, os anéis e as cabeças de lula e o tentáculo de polvo. Quando os camarões e as lulas mudarem de cor, tempere com o sal e a pimenta-do-reino. Retire do fogo. **8.** Frite no óleo as folhas de ora-pro-nóbis até ficarem crocantes. Tempere com sal. Reserve.

MONTAGEM

Use as conchas de vieiras como pratos. Disponha nessas a ostra, o mexilhão, a lula, o camarão, a gônada de ouriço e a conserva de cebola. Escorra o sagu que estava descansando, adicione 1 colher de azeite e misture delicadamente para soltar as esferas. Regue com o molho tarê. Finalize com as folhas de ora-pro-nóbis fritas. Sirva a seguir.

Bombom de goiabada serrana, coco queimado, granola e chocolate branco, *de Victor Branco, SC*

Quinta da Neve Rosa da Neve Rosé Brut, *para harmonizar*

Rendimento: 24 unidades

INGREDIENTES

Geleia
- 500 g de goiaba serrana sem a polpa
- 200 g de açúcar
- 1 colher (sopa) de mel da bracatinga

Caramelo de coco queimado
- 200 g de coco ralado fresco
- 120 g de açúcar
- 120 g de água

Base do bombom
- Geleia de goiaba serrana
- 120 g de granola adoçada com mel
    - Caramelo de coco queimado

Cobertura
- 200 g de chocolate branco

PREPARO

Geleia
1. Cozinhe a goiaba serrana, com o açúcar e o mel da bracatinga por 1 hora ou até alcançar ponto de geleia.
2. Bata em um liquidificador até ficar bem lisa. Reserve.

Caramelo de coco queimado

1. Toste o coco em uma frigideira de fundo grosso até ficar levemente queimado. **2.** Faça um caramelo com o açúcar e a água a 130 °C. **3.** Acrescente o coco tostado. Misture. Reserve mantendo aquecido.

Base do bombom

1. Espalhe a geleia em uma fôrma de silicone de 18 centímetros × 12 centímetros. **2.** Cubra com a granola e leve ao forno a 90 °C para secar por 3 horas. **3.** Retire do forno e deixe esfriar por 20 minutos. **4.** Vire a base deixando a granola para baixo. **5.** Com o auxílio de uma espátula, espalhe o caramelo de coco queimado sobre a granola. **6.** Leve ao forno a 90 °C por mais 1 hora. **7.** Retire do forno e resfrie até o dia seguinte. **8.** Corte em quadrados de 3 centímetros × 3 centímetros. Reserve.

Cobertura

1. Derreta o chocolate branco a 45 °C. **2.** Despeje em uma superfície fria mexendo sempre, até alcançar 28 °C. **3.** Banhe os bombons um a um, coloque-os em uma bandeja coberta com papel-alumínio e leve-os à geladeira por cerca de 15 minutos para secar.

CALDOS BÁSICOS

Caldo de frango

Rendimento: 1 litro

INGREDIENTES

- 1 carcaça de frango limpa
- 1 cebola cortada em 4 pedaços
- 2 talos de salsão cortados grosseiramente
- 2 ramos de salsinha
- 2 ramos de tomilho
- 1 folha de louro
- 5 g de grãos de pimenta-do-reino
- 1/2 colher (chá) de sal
- 2 L de água

PREPARO

1. Em uma panela grande, leve todos os ingredientes ao fogo alto. **2.** Quando ferver, abaixe o fogo e deixe cozinhar por 1 hora, retirando sempre a gordura da superfície. **3.** Coe o caldo e descarte os sólidos.

Caldo de legumes

Rendimento: 1,5 litro

INGREDIENTES

- 3 cebolas cortadas em 4 pedaços
- 3 cenouras cortadas grosseiramente
- 3 talos de salsão cortados grosseiramente
- 2 alhos-porós cortados grosseiramente
- 1 maço de salsa
- 2 folhas de louro
- 10 grãos de pimenta-do-reino
- 1/2 colher (chá) de sal
- 2 L de água

PREPARO

1. Em uma panela grande, leve todos os ingredientes ao fogo alto. **2.** Quando ferver, abaixe o fogo e deixe cozinhar por 45 minutos, retirando sempre a gordura da superfície. **3.** Coe o caldo e descarte os sólidos.

Caldo de pato

Rendimento: 1 litro

INGREDIENTES

- 1 carcaça de pato limpa
- Azeite de oliva para dourar
- 1 cebola cortada em 4 pedaços
- 3 dentes de alho picados
- 2 cenouras cortadas grosseiramente
- 1 talo de salsão cortado grosseiramente
- 1 alho-poró cortado grosseiramente
- 2 folhas de louro
- 10 grãos de pimenta-do-reino
- 1 ramo de tomilho
- 2 L de água

PREPARO

1. Disponha os ossos (carcaça) do pato em uma assadeira e leve ao forno a 200 °C por 30 minutos. **2.** Mexa os ossos para que tostem por igual. **3.** Retire do forno. **4.** Em uma panela, esquente o azeite e doure a cebola, o alho, os legumes junto com o louro, a pimenta-do-reino e o ramo de tomilho. **5.** Adicione a carcaça assada e doure mais um pouco. **6.** Coloque 2 litros de água, deixe ferver e abaixe o fogo. **7.** Cozinhe até que o líquido tenha reduzido para 1 litro. **8.** Coe o caldo e descarte os sólidos.

Caldo de peixe

Rendimento: 2,5 litros

INGREDIENTES

- 2 kg de espinha e sobras de peixe limpas
- 1 cebola cortada em 4 pedaços
- 1 cenoura cortada grosseiramente
- 1 talo de salsão cortado grosseiramente
- 250 ml de vinho branco seco
- 12 grãos de pimenta-do-reino
- 2 folhas de louro
- Suco de 1/2 limão
- 2,5 L de água

PREPARO

1. Em uma panela grande, leve todos os ingredientes ao fogo alto. **2.** Quando ferver, abaixe o fogo e deixe cozinhar por 20 minutos, retirando sempre a gordura da superfície. **3.** Coe o caldo e descarte os sólidos.

Demi-glace

Rendimento: 2 litros

INGREDIENTES

Caldo escuro

- 4 kg a 5 kg de ossos de boi
- 1 cenoura com casca cortada em cubos
  - 2 cebolas cortadas em cubos
  - 1 talo de alho-poró picado grosseiramente
  - 2 talos de salsão picados grosseiramente
  - 5 dentes de alho picados
  - 4 folhas de louro
  - Ervas frescas a gosto (alecrim, salsinha e tomilho)

Molho espanhol

- 5 colheres (sopa) de manteiga
- 5 colheres (sopa) de farinha de trigo
- 5 L do caldo escuro

Demi-glace

- Fio de azeite de oliva
- 1 cebola pequena picada
  - 1/2 cenoura picada
  - 1/2 alho-poró picado
  - 1 talo de salsão picado
  - 2 dentes de alho
  - 400 ml de vinho tinto seco
  - 1 colher (sopa) de extrato de tomate

PREPARO

Caldo escuro

1. Em uma assadeira, coloque os ossos de boi e leve ao forno a 250 °C. **2.** Toste por 1 hora e 30 minutos. **3.** Depois, retire os ossos e transfira-os para uma panela grande.

4. Coloque a mesma assadeira onde estavam os ossos direto na boca do fogão. Acrescente um pouco de água. 5. Adicione a cenoura, as cebolas, o alho-poró, o salsão, o alho e as folhas de louro e mexa até dourarem. 6. Despeje na panela com os ossos, junte as ervas frescas e cubra com água. 7. Leve ao fogo médio e deixe cozinhar de 6 a 8 horas, no mínimo, com a panela destampada. Adicione água, se necessário. 8. Enquanto o caldo encorpa, retire a espuma que se forma na superfície. 9. Coe o caldo e descarte os sólidos.

Molho espanhol

1. Derreta a manteiga em uma panela. 2. Acrescente a farinha de trigo e mexa sempre para não empelotar. 3. Quando a manteiga começar a escurecer, acrescente um pouco do caldo escuro. 4. Misture e, em seguida, adicione o restante do caldo. 5. Retire as impurezas e deixe no fogo por cerca de 30 minutos para reduzir (não precisa mexer).

Demi-glace

1. Enquanto o molho espanhol está no fogo, prepare o mirepoix. 2. Em uma frigideira, leve para dourar no azeite, a cebola, a cenoura, o alho-poró, o salsão e o alho. 3. Acrescente um pouco de vinho. Se secar, adicione um pouco mais. 4. Junte o extrato de tomate, mexa e coloque o restante do vinho. 5. Misture esse caldo ao molho espanhol para fazer o demi-glace. Deixe ferver até reduzir pela metade por cerca de 30 minutos. 6. Retire do fogo e coe o molho.

ESPUMANTES NA COQUETELARIA

Para muito além de clássicos consagrados, como Kir Royal, Clericot, Mimosa, Bellini, bartenders lançam mão da versatilidade de nossos espumantes e criam coquetéis fáceis, leves e refrescantes. Confira!

Cachaça Sweet Fizz, *de Alex Mesquita, RJ*

INGREDIENTES

- 50 ml de cachaça Magnífica Solera
- 20 ml de licor de açaí
- 10 ml de suco de limão-siciliano
- 2 gotas de Angostura®
- RaR Avvento Brut para completar
- *Twist* de limão-siciliano, para decorar

PREPARO

Em uma taça flûte preferencialmente gelada, adicione a cachaça, o licor de açaí e o suco de limão. Complete com o espumante e mexa cuidadosamente. Decore com um *twist* de limão-siciliano.

Samba de verão, *de Alice Guedes, SP*

Zanella Blanc de Blancs

INGREDIENTES
- 30 ml de suco de pitanga
- 15 ml de licor de flor de sabugueiro
- 10 ml de St. Verger (aguardente de pera asiática)
- 120 ml de Zanella Blanc de Blancs

PREPARO
Em uma coqueteleira, bata todos os ingredientes, exceto o espumante. Coe em uma taça de vinho previamente gelada e adicione o espumante.

Zéfiro, de Carol Gutierres, RJ

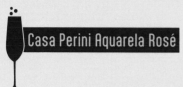

INGREDIENTES
- 3 acerolas maduras
- 150 ml de suco de laranja
- Casa Perini Aquarela Rosé
- Rodela de laranja, para decorar

PREPARO
Macere as acerolas e transfira para uma taça de vinho. Acrescente bastante gelo e o suco de laranja. Complete com o espumante e misture suavemente. Decore com uma rodela de laranja.

Acônito, *de Heitor Marin, SP*

Vinícola Belmonte Differenziato Nature Rosé Gamay 2023

INGREDIENTES

Xarope de açúcar e flor de begônia
- 1 parte (15 ml) de água
- 1 1/2 parte (22,5 ml) de açúcar
- 4 flores de begônia

Coquetel
- 50 ml de gin
- 20 ml de suco de limão-siciliano
- 20 ml de xarope de açúcar e flor de begônia
- 5 ml de licor Strega®
- 40 ml de Vinícola Belmonte Differenziato Nature Rosé Gamay 2023
- 1 flor de begônia, para decorar

PREPARO

Xarope de açúcar e flor de begônia
Em uma panela, adicione os ingredientes e leve ao fogo baixo (40 °C) para reduzir. Coe e transfira para uma garrafa. Deixe na geladeira por 20 minutos.

Coquetel
Em uma coqueteleira com gelo, bata levemente todos os ingredientes, exceto o espumante e a flor de begônia. Coe em um copo long drink com gelo. Complete com o espumante e mexa levemente. Decore com a flor de begônia.

Blanc de Blanc, *de Jean Ponce, SP*

 Routhier & Darricarrère Brut Champenoise RED

INGREDIENTES
- 10 ml de St. Verget (aguardente de pera asiática)
- 30 ml de concentrado de abacaxi com capim-santo
- 80 ml de Routhier & Darricarrère Brut Champenoise RED
- Flor de lavanda, para decorar
- Parmesão maturado, para decorar

PREPARO
Em uma taça coupe, adicione a aguardente e o concentrado de abacaxi com capim-santo e mexa. Acrescente o espumante. Decore com uma flor de lavanda e uma tira fina de parmesão.

Água de beber, *de Laércio Zulu, SP*

Casa Valduga Premivm Moscatel

INGREDIENTES

- 40 ml de cachaça Zuluzêra®
- 15 ml de xarope de gengibre
- 20 ml de limão-rosa
- 100 ml de Casa Valduga Premivm Moscatel
- 1 cereja amarena, para finalizar

PREPARO

Encha uma taça flûte com gelo ou mantenha no freezer. Em uma coqueteleira com gelo, bata vigorosamente todos os ingredientes, exceto o espumante. Acrescente o espumante. Coe na taça flûte previamente gelada. Adicione a cereja amarena para finalizar.

Uvaia Fizz, *de Marcio Silva, SP*

Chandon Brut

INGREDIENTES
- 60 ml de licor de uvaia
- 25 ml de suco de limão
- 15 ml de xarope de açúcar
- Chandon Brut para completar
- Folha de limão, para decorar

PREPARO
Em uma coqueteleira com gelo, adicione todos os ingredientes, exceto o espumante. Bata vigorosamente. Faça uma coagem fina em um copo highball com cubos de gelo. Complete com espumante e misture com uma colher de bar. Decore com uma folha de limão.

Saúva Spritz, *de Rafael Welbert, SP*

Buffon Branco Nature Viognier

INGREDIENTES

Cordial de cambuci com capim-santo

- 175 g de cambuci
- 22 g de capim-santo (folhas e talos) bem picadinho
- 50 ml de água filtrada
- 65 g de açúcar
- 40 ml de cachaça em bálsamo

Coquetel

- 120 ml de Buffon Branco Nature Viognier
- 60 ml de Cordial de cambuci com capim-santo
- 15 ml de vermute bianco Carpano Clássico
- Casca de limão-taiti, para finalizar

PREPARO

Cordial de cambuci com capim-santo

Em um liquidificador, bata todos os ingredientes, exceto a cachaça. Despeje a mistura em uma panela e cozinhe em fogo médio (40 °C) até dissolver o açúcar por completo. Cuide para que o capim-santo não escureça. Passe duas vezes a mistura em um chinois. Deixe esfriar e acrescente a cachaça.

Coquetel

Em copo long drink com gelo, coloque todos os ingredientes começando pelo espumante. Mexa delicadamente. Acrescente uma casca de limão-taiti para finalizar.

Deleite de pequi, *de Roberto Merlin, SP*

Ponto Nero Cult Nature

INGREDIENTES
- 30 ml de licor de pequi
- 5 ml de sumo coado de limão-siciliano
- 3 ml de bitter aromático
- 1 tira fininha de casca de limão-siciliano, para finalizar
- Ponto Nero Cult Nature, para completar

PREPARO
Em uma taça flûte previamente resfriada, adicione o licor de pequi, o sumo de limão-siciliano e o bitter. Misture com a ajuda de uma colher de bar. Complete a taça com o espumante. Mexa com cuidado para não perder a *perlage*. Acrescente a tirinha de limão, para finalizar.

Pará Spritz, *de Saulo Rocha, SP*

Salton Brut

INGREDIENTES
- 150 ml de Salton Brut
- 100 ml de suco de cupuaçu
- 3 rodelas de meia-lua de limão-siciliano

PREPARO
Em uma taça de vinho com gelo, misture as bebidas delicadamente. Acrescente as rodelas de limão-siciliano.

REFERÊNCIAS BIBLIOGRÁFICAS

ALBERT, Aguinaldo Zackia. *Borbulhas: tudo sobre champanhe e espumantes*. 1. ed. São Paulo: Senac, 2008.

BROOK, Stephen. *A Century of Wine: The Story of a Wine Revolution*. 1. ed. London: Mitchell Beazley, 2000.

BRUCE-GARDYNE, Tom. *Champagne: Wine of Kings and the King of Wines*. 1. ed. London: Carlton Books Ltd., 2019.

DARDEAU, Rogerio. *Gente, lugares e vinhos do Brasil*. 1. ed. Rio de Janeiro: Mauad X, 2020.

DARDEAU, Rogerio. *Gente, lugares e vinhos do Brasil*. 2. ed. Rio de Janeiro: Mauad X, 2023.

DELPAL, Jacques-Louis. *La Champagne*. Paris: Éditions de la Martinière, 1993.

EPSTEIN, Becky Sue. *Champagne: A Global History*. Illustrated edition. London: Reaktion Books, 2011.

FAITH, Nicholas. *The Story of Champagne*. Fully revised and updated edition. Swindon: Infinite Ideas Limited, 2016.

FLORES, Maria Amélia Duarte. *Peterlongo 100 anos — 1º champanhe do Brasil*. [s.l.]: [s.n.], 2015.

FORBES, Patrick. *Champagne: the Wine, the Land and the People*. London: Victor Gollancz Ltd., 1985.

GAMA, Fernando Cesar Barros de. *A nova geografia da produção de uvas e vinhos do Brasil*. São Paulo: Lux, 2021.

GUY, Kolleen M. *When Champagne Became French: Wine and the Making of a National Identity*. Illustrated edition. Baltimore: Johns Hopkins University Press, 2017.

HÉNAUT, Stéphane; MITCHELL, Jeni. *A deliciosa história da França: as origens, fatos e lendas por trás das receitas, vinhos e pratos franceses mais populares de todos os tempos*. São Paulo: Seoman, 2020.

JOHNSON, Hugh. *A história do vinho*. 1. ed. São Paulo: Companhia das Letras, 1999.

KLADSTRUP, Don; KLADSTRUP, Petie. *Champagne: como o mais sofisticado dos vinhos venceu a guerra e os tempos difíceis*. 1. ed. Rio de Janeiro: Zahar, 2006.

KLADSTRUP, Don; KLADSTRUP, Petie. *Vinho & guerra: os franceses, os nazistas e a batalha pelo maior tesouro da França*. 1. ed. Rio de Janeiro: Zahar, 2002.

LIEM, Peter. *Champagne: The Essential Guide to the Wines, Producers, and Terroirs of the Iconic Region*. Box Har/Ma edition. Berkeley: Ten Speed Press, 2017.

LIMA, Claudia. *Chandon 50 anos no Brasil: um mundo de possibilidades*. Direção editorial de Giuliana Sesso. [s.l.]: [s.n.], 2023.

MACNEIL, Karen. *A bíblia do vinho*. 2. ed. Rio de Janeiro: Ediouro, 2003.

MAZZEO, Tilar J. *A viúva Clicquot: a história de um império do champanhe e da mulher que o construiu*. Rio de Janeiro: Rocco, 2009.

PACHECO, Aristides de Oliveira. *Iniciação à enologia*. 2. ed. rev. atual. São Paulo: Senac São Paulo, 1999.

PEVITT, Christine. *The Man Who Would Be King: the Life of Philippe d'Orléans, Regent of France*. London: W&N, 1997.

PHILLIPS, Rod. *Uma breve história do vinho*. Rio de Janeiro: Record, 2003.

SALDANHA, Roberta Malta. *A história do vinho na Serra Gaúcha*. Rio de Janeiro: Arte Ensaio, 2013.

SALDANHA, Roberta Malta. *Histórias, lendas e curiosidades da gastronomia*. Rio de Janeiro: Senac Rio, 2011.

SALDANHA, Roberta Malta. *Histórias, lendas e curiosidades das bebidas alcoólicas e suas receitas*. Rio de Janeiro: Senac Rio, 2017.

SALDANHA, Roberta Malta. *Minidicionário de enologia em 6 idiomas: português, inglês, espanhol, francês, italiano e alemão*. Rio de Janeiro: Senac Rio, 2012.

SALDANHA, Roberta Malta. *Por trás dos rótulos*. Rio de Janeiro: Arte Ensaio, 2021.

SALDANHA, Roberta Malta. *Vinho brasileiro, muito prazer*. Rio de Janeiro: Senac Rio, 2023.

SANTOS, José Ivan; SANTANA, José Maria. *Comida e vinho: harmonização essencial*. 4. ed. São Paulo: Senac São Paulo, 2008.

SIMON, André L. *The History of Champagne*. Ottawa: Octopus Book, 1971.

SOUSA, Sérgio Inglez. *Espumante: o prazer é todo seu*. São Paulo: Marco Zero, 2005.

STEVENSON, Tom; AVELLAN, Essi. *Christie's World Encyclopedia of Champagne & Sparkling Wine. Revised & expanded*. New York: Sterling Publishing, 2014.

SUTCLIFFE, Serena. *A Celebration of Champagne*. London: Mitchell Beazley, 1988.

VALE, Allister; SCADDING, John. *Winston Churchill's Illnesses 1886-1965*. Great Britain: Frontline Books, November 2020.

VIOTTI, Eduardo. *França*. São Paulo: Moderna, 2010 (Coleção Folha "O mundo do vinho". Volume 5).

VIOTTI, Eduardo. *O vinho espumante*. São Paulo: Moderna, 2010 (Coleção Folha "O mundo do vinho". Volume 6).

VIZETELLY, Henry. *History of Champagne with Notes on the Other Sparkling Wines of France*. Hungerford: Legare Street Press, 2022.

WALTERS, Robert. *Bursting Bubbles: A Secret History of Champagne & the Rise of The Great Growers*. None edition. Stroud: Quiller Publishing, 2019.

WHITE, David. *But First, Champagne: A Modern Guide to The World's Favorite Wine*. New York: Skyhorse Publishing, 2016.

OUTROS LIVROS DA AUTORA PUBLICADOS PELA EDITORA SENAC RIO

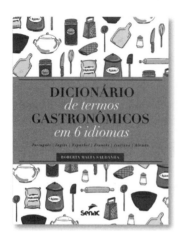

MINIDICIONÁRIO DE ENOLOGIA EM 6 IDIOMAS (2012), finalista do prêmio Jabuti em 2013

DICIONÁRIO DE TERMOS GASTRONÔMICOS EM 6 IDIOMAS (2016), um dos cinco vencedores do Best in the World, do Gourmand World Cookbook Awards – maior premiação internacional de editoração de gastronomia, considerado o "Oscar" da gastronomia – em duas categorias: Translation e Latin American

HISTÓRIAS, LENDAS E CURIOSIDADES DA CONFEITARIA E SUAS RECEITAS (2016), vencedor do Gourmand World Cookbook Awards 2016, na categoria Best Pastry & Desserts Book; um dos cinco vencedores do Best in the World 2020, do Gourmand World Cookbook Awards, na categoria Culinary History

HISTÓRIAS, LENDAS E CURIOSIDADES DA GASTRONOMIA (2011), premiado com o Jabuti, o maior reconhecimento do mercado editorial brasileiro, em 2012, na categoria Gastronomia

HISTÓRIAS, LENDAS E CURIOSIDADES DAS BEBIDAS ALCOÓLICAS E SUAS RECEITAS (2017), um dos cinco vencedores do Best in the World 2020, do Gourmand World Cookbook Awards, na categoria Lifestyle – History

CULINÁRIA BRASILEIRA, MUITO PRAZER: TRADIÇÕES, INGREDIENTES E 200 RECEITAS DE GRANDES PROFISSIONAIS DO PAÍS (2023), eleito Livro do Ano de 2024 na premiação Melhores da Gastronomia Prazeres da Mesa

VINHO BRASILEIRO, MUITO PRAZER (2023), finalista do prêmio Jabuti Acadêmico em 2024

A Editora Senac Rio publica livros nas áreas de Beleza e Estética, Ciências Humanas, Comunicação e Artes, Desenvolvimento Social, Design e Arquitetura, Educação, Gastronomia e Enologia, Gestão e Negócios, Informática, Meio Ambiente, Moda, Saúde, Turismo e Hotelaria.

Visite o site www.rj.senac.br/editora, escolha os títulos de sua preferência e boa leitura.

Fique atento aos nossos próximos lançamentos!

À venda nas melhores livrarias do país.

Editora Senac Rio
Tel.: (21) 2018-9020 Ramal: 8516 (Comercial)
comercial.editora@rj.senac.br

Fale conosco: faleconosco@rj.senac.br

Este livro foi composto nas tipografias Iowan Old Style, Swordfish e Aptly, e impresso pela Imos Gráfica e Editora Ltda., em papel *offset* 90 g/m², para a Editora Senac Rio, em maio de 2025.